À plus!

Die mündliche Prüfung

Prüfungsaufgaben zu À plus!

1–5

Cornelsen

INHALTSVERZEICHNIS HANDREICHUNG

À plus! 3

1. Prüfung (nach Unité 3)

2. Prüfung (nach Unité 6)

À plus! 4

1. Prüfung (nach Dossier 1)

2. Prüfung (nach Dossier 4)

À plus! 5

1. Prüfung (nach Dossier 2)

2. Prüfung (nach Dossier 4)

INHALTSVERZEICHNIS CD-ROM

MÜNDLICHE PRÜFUNGEN

2. Prüfung (nach Dossier 4)

Passer trois mois en France?	Partnerprüfung A	Gruppenprüfung A
Les jeunes en banlieue	Partnerprüfung B	
Où voyager?	Partnerprüfung C	Gruppenprüfung C
Le sport ou la culture?	Partnerprüfung D	Gruppenprüfung D

À plus! **5**

1. Prüfung (nach Dossier 2)

Réussir sans diplôme?	Partnerprüfung A	Gruppenprüfung A
Un métier idéal?	Partnerprüfung B	Gruppenprüfung B
Préparer une exposition	Partnerprüfung C	Gruppenprüfung C
Passer une année dans un pays d'outre-mer?	Partnerprüfung D	

2. Prüfung (nach Dossier 4)

La politique	Partnerprüfung A	Gruppenprüfung A
L'Europe	Partnerprüfung B	Gruppenprüfung B
Consommer juste?	Partnerprüfung C	Gruppenprüfung C
L'écologie	Partnerprüfung D	

ZUSATZMATERIALIEN

Vorbereitung auf die mündliche Prüfung I (= Grundlegendes)

1. Wie bereite ich mich auf die mündliche Prüfung vor?
2. Aufwärmimpulse
3. Übungen zu Strategien des aktiven Zuhörens / des Smalltalks / situationsgebundener Dialogpartien (ab Ende 1. Lernjahr)
4. Übungen zur Gruppenprüfung (3./4./5. Lernjahr)

Vorbereitung auf die mündliche Prüfung II (= Lern- und Übungsmaterialien)

5. Redemittel zur Dialoggestaltung
6. Wie beschreibe ich ein Bild?
7. „Werkzeugkasten" zur mündlichen Prüfung
8. Redemittel zur Personenbeschreibung
9. Die mündliche Ausdrucksfähigkeit verbessern
10. Simulation eines Bewerbungsgesprächs (4./5. Lernjahr)
11. Schüler erstellen selbst ein „jeu de rôle" (1. Lernjahr)
12. Schüler erstellen selbst ein „jeu de rôle" (2. Lernjahr)

Praktische Hilfsmittel für den/die Lehrer/in

13. Checkliste für den/die Lehrer/in zum zeitlichen Vorlauf einer mündlichen Prüfung
14. Elternbrief
15. Zeitplan (Beispiel für die Organisation einer mündlichen Prüfung)
16. Bewertungsbögen (alle Niveaustufen)
17. Kriterien zur Bewertung mündlicher Sprachproduktion (alle Niveaustufen)

BILDDATENBANK

Vorwort

Liebe Kolleginnen und Kollegen,

Sie und Ihre Schüler/innen planen in diesem Schuljahr eine mündliche Prüfung und möchten dabei erfolgreich sein.

In dieser Handreichung finden Sie hierzu in einem **ersten Teil** nützliche Tipps/Antworten/ Erläuterungen zu folgenden Fragen:
- Was prüfe ich mit einer mündlichen Prüfung?
- Wie sieht eine mündliche Prüfung aus?
- Wie bereite ich eine mündliche Prüfung im Unterricht vor?
- Wie können sich meine Schüler/innen selbst auf die mündliche Prüfung vorbereiten? (Kopiervorlage für Schüler/innen)
- Wie organisiere ich eine mündliche Prüfung für meine Klasse / in meiner Schule im Vorfeld der Prüfung?
- Wie führe ich die Prüfung am effizientesten und am transparentesten durch?
- Wie bewerte ich die mündliche Prüfung? (Gewichtung, Kriterien usw.)
- Wie evaluiere ich eine mündliche Prüfung?

In einem **zweiten Teil** liefert die Handreichung umfangreiche und zum Teil bereits in der Unterrichtspraxis erprobte Prüfungsmaterialien, die folgendermaßen aufgebaut sind:
- Alle mündlichen Prüfungen sind zweigliedrige Formate.
- Ein erster Prüfungsteil ist interaktiv (*interaction orale*), z. B. in Form eines Rollenspiels oder einer Diskussion, jeweils als Partner- oder Gruppenprüfung angelegt.
- Ein zweiter Prüfungsteil ist monologisch (*monologue suivi*): gefordert werden hier zusammenhängende Äußerungen, z. B. zu einem Bild- oder Sprachimpuls.
- Auf allen Niveaustufen/Jahrgangsstufen wurde auf eine möglichst hohe Variabilität der Aufgabenstellungen geachtet.

Auf der **beiliegenden CD-ROM** finden Sie:
- alle in der Handreichung abgedruckten Partnerprüfungen
- Gruppenprüfungen als Varianten zu den Partnerprüfungen
- Zusatzmaterialien zur Vorbereitung der mündlichen Prüfung und praktische Hilfsmittel, z. B.:
  - Checkliste für Schüler/innen „Wie bereite ich mich auf die mündliche Prüfung vor?“
  - Checkliste für den/die Lehrer/in zum zeitlichen Vorlauf einer mündlichen Prüfung
  - Lern- und Übungsmaterialien zur Vorbereitung auf die mündliche Prüfung
  - Listen mit Redemitteln (Dialoggestaltung, Personenbeschreibung, *mots charnières*)
  - Hinweise zur Methode der Bildbeschreibung
  - Elternbrief; Beispiel für einen Zeitplan
  - Bewertungsbögen und Bewertungskriterien für alle Niveaustufen/Jahrgangsstufen
- eine Bilddatenbank zur weiteren Verwendung (auch für die Vorbereitung im Unterricht)

Alle Dokumente auf der CD-ROM liegen im PDF- und im editierbaren Word-Format vor, um Veränderungen, Umstellungen usw. jederzeit zu ermöglichen.

1. Was prüfe ich mit einer mündlichen Prüfung?

Wer in einer lebenden Sprache kommunizieren will, muss sie sprechen und schreiben. Eine gelungene mündliche Kommunikation hat wiederum das Verstehen mündlicher Äußerungen als Voraussetzung. Wer etwas versteht, will sich mitteilen, so dass **die Erziehung zur Sprechfertigkeit, die Ausbildung einer angemessenen mündlichen Kommunikationsfähigkeit** als eine der wichtigsten Kompetenzorientierungen in einem modernen Fremdsprachenunterricht angesehen werden muss. Darüber hinaus ist eine gut ausgebildete Kommunikationsfähigkeit (kommunikative Kompetenz!) der Schlüssel für den Erfolg in allen Lebensbereichen, sei es in Studium, Beruf oder Privatleben. Bezogen auf fremdsprachige Zusammenhänge bedeutet dies: Nur wer sowohl sach- als auch adressatengerecht in der Fremdsprache kommunizieren kann, wird seine Interessen wahren und/oder durchsetzen können.

Ein Blick auf die vier zentralen Lernbereiche der Lehrpläne (Sprache, Umgang mit Texten und Medien, Interkulturelles Lernen und Landeskunde, Methoden selbstständigen Lernens und Lernstrategien) zeigt, inwiefern der mündlichen Prüfung eine besondere Relevanz und zentrale Stellung zukommt: Sie fordert, prüft und evaluiert

- den differenzierten Gebrauch und Einsatz sprachlicher Mittel (Verfügbarkeit sprachlicher Mittel und Sprachrichtigkeit),
- den adäquaten Umgang mit den verschiedensten Textsorten (die den Schülern/-innen in den unterschiedlichsten Aufgaben- und Sozialformen begegnen),
- das Einbringen soziokultureller Kenntnisse und die Anwendung interkultureller Kompetenzen sowie
- die situationsadäquate Anwendung verschiedenster Methoden und Strategien. Dazu gehören auch Fähigkeiten wie Zuhören, das Eingehen auf den oder die Gesprächspartner sowie ein situationsangemessenes Agieren und Reagieren.

Die Tatsache, dass eine mündliche Prüfung durch einen mehrteiligen Aufbau (interaktive oder dialogische Phase – *interaction orale*; monologische Komponente – *monologue suivi*) wiederum einzelne Bestandteile der Sprechfertigkeit oder der kommunikativen Kompetenz je nach Anforderungsniveau evaluieren kann, erhöht die Effizienz und den Wert dieses Prüfungsformates.

So wird eine alte Forderung der Fremdsprachenlehrer, nämlich die Aufwertung der Mündlichkeit, vor dem Hintergrund der neuen Lehrpläne, des GER (Gemeinsamer europäischer Referenzrahmen für Sprachen: lernen, lehren, beurteilen. Berlin 2001) und der bundesweiten Bildungsstandards mit der mündlichen Prüfung eingelöst.

2. Wie sieht eine mündliche Prüfung aus?

Schon von Beginn an, also bereits im ersten Lernjahr, gibt es verschiedenste und variable Möglichkeiten, eine mündliche Prüfung zu gestalten. Mit zunehmendem Lernfortschritt erweitert sich dabei naturgemäß das Repertoire der Prüfungsformate. Generell empfiehlt es sich, eine mündliche Prüfung als **mehrteilige** Aufgabe zu gestalten. Auf diese Weise können sowohl mündliche Interaktion als auch monologisches Sprechen geprüft werden. Beide Spielarten der Sprechfertigkeit erfordern unterschiedliche Kompetenzen; die Variation von Aufgabenformen innerhalb ein und derselben Prüfung wird außerdem verschiedenen Lernertypen gerecht.

Möglichkeiten der Gestaltung einer mündlichen Prüfung:

1. INTERAKTION / *INTERACTION ORALE* (ALS PARTNER- ODER GRUPPENPRÜFUNG)

Auf der Grundlage übersichtlicher, knapp und auf Französisch formulierter Sprach- und ggf. auch Bildimpulse werden Rollenkarten an die Schüler/innen ausgegeben. Nach einer geringen und vorgegebenen Vorbereitungszeit sollen die Schüler/innen in eine freie mündliche Interaktion treten. Die Ausrichtung der Rollen ist ausgewogen, so dass alle Schüler/innen gleiche Redeanteile erzielen können. Die Karten sind mit Zeitangaben versehen, so dass ein Erwartungshorizont hinsichtlich der Verarbeitungstiefe deutlich wird. Bei diesem Prüfungsformat wird Wert auf die Interaktion der Gesprächspartner und deren im Gespräch demonstrierten sozialen Kompetenz gelegt. Weiterhin kommt auch ihr gesprächsstrategisches Verhalten zum Tragen.
Die interaktive Prüfungskomponente kann in Form einer Partner- oder einer Gruppenprüfung konzipiert werden. In einer Gruppenprüfung können mehrere Schüler/innen gleichzeitig geprüft werden. Es empfiehlt sich allerdings, die Gruppengröße auf drei zu beschränken, da größere Gruppen für den/die Prüfer/in kaum mehr zu überschauen sind.
Denkbare Aufgabenformen des interaktiven Teils sind neben dem klassischen Rollenspiel zu einer vorgegebenen Situation z.B. auch Diskussionen mit verteilten Rollen.

2. MONOLOGISCHES SPRECHEN / *MONOLOGUE SUIVI*

- **zu einem Bildimpuls** (Fotos, Karikaturen, Bilder, Zeichnungen, Plakate, Logos), je nach Niveaustufe: einfache Beschreibung, Analyse, Kommentar, Interpretation. Hier sind auch fließende Übergänge zu dialogischen Formen denkbar: Bilder werden nach der Beschreibung verglichen und über deren Bedeutung wird diskutiert, ein Bild wird dem jeweiligen Gesprächspartner beschrieben und erklärt usw.
- **zu einem Sprachimpuls** (je nach Niveaustufe): sich und die Familie vorstellen (Wohnort, Haus, Familienmitglieder, Haustiere, Hobby, Schule, Freizeit). Schule und Freizeitaktivitäten, *monologue minute*, die letzte Schulwoche / die letzte Woche, meine Ferienerlebnisse, Portrait meiner Mutter, meiner besten Freundin / meines besten Freundes / meiner Lieblingslehrkraft / einer berühmten Persönlichkeit, meine Lieblingssportart, mein Lieblingssportler, meine Lieblingsmusikgruppe, meine Lieblingsschauspieler, ein spannendes Erlebnis, meine Überzeugungen (Politik, Nächstenhilfe, Verein …), meine Lebensträume (materiell und ideell), Themen interkultureller Relevanz (*banlieue, rapports franco-allemands, Europe …*),

ein Zitat als Grundlage ... Auch hier besteht die Möglichkeit zu dialogischen Formen überzugehen, z.B. anhand des *dialogue mini-MAX**.

3. ABLAUF DER MÜNDLICHEN PRÜFUNG

In der vorliegenden Handreichung sind alle Prüfungsbeispiele als zweiteilige Prüfungen konzipiert. Denkbar sind natürlich auch drei- und mehrteilige Prüfungen; in der Praxis hat sich jedoch die Zweiteiligkeit als praktikabel und effizient bewährt. Die mündlichen Prüfungen in dieser Handreichung sind so aufgebaut, dass mit dem interaktiven Teil begonnen wird: Auf diesen Teil konnten die Schüler/innen sich in der Einarbeitungszeit vorbereiten; beim monologischen Teil wird hingegen insbesondere in den ersten Lernjahren i.d.R. von keiner Vorbereitungsphase ausgegangen, so dass es sinnvoll ist, den monologischen Teil im Anschluss an die interaktive Phase durchzuführen. Hält die Lehrkraft auch hier eine Vorbereitungszeit für sinnvoll bzw. macht die Aufgabenform dies erforderlich (i.d.R. in den späteren Lernjahren), so kann von dieser Reihenfolge natürlich abgewichen werden. Dann sollte aber sichergestellt sein, dass die Schüler/innen keine Möglichkeit haben, sich zu ihrem monologischen Teil vorher abzusprechen.

An manchen Schulen ist es üblich, die mündliche Prüfung mit einer Art Aufwärmphase zu beginnen, in der die Prüflinge die Gelegenheit bekommen zu sprechen, ohne dass ihre mündlichen Äußerungen aus dieser Phase in die Bewertung einfließen. Dafür mag sprechen, dass insbesondere schüchterne oder sehr aufgeregte Schüler/innen damit eine mögliche Anfangshemmung leichter überwinden können. Andererseits gibt es für eine schriftliche Prüfung, vor allem aber für den „Ernstfall" mündlicher Äußerungen in einem fremdsprachigen Kontext (z.B. Telefonat, Gespräch mit einem Passanten o.Ä.) auch keine Aufwärmphase. In der vorliegenden Handreichung wurde deshalb darauf verzichtet, die Prüfungsbeispiele mit Aufgaben für eine Aufwärmphase zu versehen. Die beiliegende CD-ROM enthält aber eine Reihe von nützlichen und erprobten Impulsen, die bei Bedarf und ganz nach Wunsch variabel als Aufwärmimpuls in den jeweiligen Niveaustufen eingesetzt werden können. (→ CD-ROM)

Alle Prüfungsbeispiele, die in dieser Handreichung abgedruckt sind, können bei Bedarf innerhalb einer Anforderungsstufe neu kombiniert werden (z.B. interaktiver Teil von Schüler/in A mit monologischem Teil von Schüler/in B), so dass sich eine noch höhere Zahl von Prüfungsbeispielen ergibt.

* Bei einem *dialogue mini-MAX* sollen die Schüler/innen anhand vorgegebener Stichwörter einen Dialog erfinden. Die Stichwörter sind den Schülern/-innen schon zugeordnet, so dass sich ein Grobgerüst der möglichen Dialoge erkennen lässt, z.B. *A – les vacances, B – faire de la planche à voile, A – énerver, B – la disco, A – draguer, B – le rhume* (vgl. Time to talk! Cornelsen 2005, S. 173f.).

3. Wie bereite ich eine mündliche Prüfung im Unterricht vor?

1. HILFSMITTEL/MATERIALIEN

Natürlich verändert eine neue Prüfungsform – die mündliche Prüfung – auch den alltäglichen Unterricht („backwash-Effekt"): Wird die mündliche Kompetenz in Form einer Prüfung bewertet, erhält das Mündliche auch einen höheren Stellenwert im Unterricht.

In *À plus!* sind bereits viele Ansätze, Übungen, Hilfestellungen und Materialien zur Stärkung der Mündlichkeit im alltäglichen Unterricht enthalten, so dass der Lehrer hier nicht mit einem erweiterten Vorbereitungsdruck zu rechnen hat. Im Gegenteil: Mündliche Prüfungen ergeben sich mit dem vorliegenden Übungsmaterial quasi automatisch aus dem Unterricht. Hier nur ein paar Hinweise:

- Im Inhaltsverzeichnis des Schülerbuchs weist *À plus!* klar die Lernziele in Bezug auf die Mündlichkeit aus. Damit sind bereits mögliche Inhalte der mündlichen Prüfung skizziert (z. B.: „über Aktivitäten sprechen", „seine Meinung äußern", „Argumente aufführen" usw., vgl. *À plus! 2*)
- Die Rubrik *Qu'est-ce qu'on dit?* in den *Repères* ist als klarer Lernort ausgewiesen. Die Schüler/innen können sich hier gut auf mündliche Sprechsituationen vorbereiten und ihre mündliche Sprachkompetenz grundsätzlich und auch themengebunden (für die jeweilige Prüfung) vertiefen.
- Neben den Übungen *Jeu de rôle* dienen auch die *Activités* häufig der Vertiefung der kommunikativen Kompetenz.
- Die interaktive Lernsoftware zu den *Carnets d'activités* enthält effiziente Übungen zur Bildbeschreibung: „Ich spreche und ich kann ein Bild beschreiben".
- Die *Carnets d'activités* enthalten neben Tandem- und Dialogübungen auch ein *Entraînement à la production orale* (*À plus! 4* und *À plus! 5*).
- Die Klassenarbeits- bzw. Schulaufgabentrainer zu *À plus!* liefern im Abschnitt *Situations* auch Aufgaben für die mündliche Produktion.

Weitere Hilfsmittel finden sich in dieser Handreichung, vor allem auch auf der beigefügten CD-ROM (Schüler erstellen selbst eine mündliche Prüfung, Listen mit *mots charnières*, Lückenfüllern und Redemitteln allgemein, Redemittel und Methodik der Bildbeschreibung, Probeprüfung ohne direkten Lehrwerksbezug usw.).

2. TIPPS FÜR DEN UNTERRICHT

Im Unterricht sollten immer wieder einzelne Elemente der mündlichen Prüfung (Bildbeschreibung, Rollenspiel usw.) eingeübt werden. Dabei ist sicher ein längerer zeitlicher Vorlauf als bei einer schriftlichen Prüfung einzuplanen.

Fertiges Übungsmaterial hierfür finden Sie ebenfalls in dieser Handreichung bzw. auf der beigefügten CD-ROM. Dabei ist es sicher sehr hilfreich, wenn die Schüler/innen in dieser Übungsphase in die Beurteilungsfunktion quasi „miteingebunden" werden, die jeweilige Beurteilungsmatrix (→ S. 20/21; → CD-ROM) bereits im Unterricht kennen lernen und auch selbst bei Präsentationen ihrer Mitschüler/innen spielerisch anwenden. Damit steigen Akzeptanz und Transparenz der Benotung der mündlichen Prüfung enorm an.

Wichtig ist auch, dass die Schüler/innen deutlich zur häuslichen Vorbereitung (Üben von Dialogen, Beschreibung von Bildern) angehalten werden. Damit wird erreicht, dass einerseits die

eigentliche Prüfung sicher durchlaufen werden kann und zum anderen, dass plötzlich auch Französisch im Alltag der Schüler/innen präsent ist und eine gewichtigere Rolle spielt.
Schließlich ist es sicherlich hilfreich, die Schüler/innen zum positiven Interferenzlernen anzuregen, also ihre Erfahrungen mit mündlichen Prüfungen aus dem Fach Englisch abzurufen.
Natürlich gehört auch eine zeitige Festlegung der Gesprächsgruppen/Dialogpartner zu einer gelungenen Vorbereitung auf die mündliche Prüfung (→ S. 18).
Eine Ideensammlung zu Methoden, wie Sie die mündliche Kompetenz ihrer Schüler/innen im Unterricht stärken können, enthält die Checkliste „Ansätze zur Stärkung der Mündlichkeit" (→ S. 12). Ihren Schülern/-innen können Sie die auf S. 13 abgedruckte Kopiervorlage „Wie bereite ich mich auf die mündliche Prüfung vor?" austeilen.

Checkliste für Ihren Unterricht: Ansätze zur Stärkung der Mündlichkeit

- situative Sprechgelegenheiten schaffen; Ziel: freie Sprachanwendung: *message and fluency before accuracy*
- auf die psychischen Hemmungen der Lerner/innen eingehen → sprachliches Probehandeln
- partielle Übertragung von Lehrerfunktionen auf Schüler/innen (LdL; aber ohne dogmatische Ausrichtung)
- Schulung von Redemitteln, *mots charnières*, *actes de paroles*
- Schulung des Argumentierens in der Fremdsprache → argumentative Konnektoren (*car, puisque, parce que, mais, donc, alors …*)
- Schulung von Gesprächsstrategien: Überbrückung durch Pausenfüller (*bon, eh bien, vous savez …*)
- „Mitfließen" durch Floskeln der Teilnahme am Redefluss des Gegenüber (*ah, je vois, tiens, ça alors …*)
- Rückfrage bei Nichtverstehen
- lexikalische und grammatische Ausweichmanöver (z. B.: *Subjonctif*-Vermeidungs-Strategie: *il faut que + subj.* versus *il faut + inf.*)
- Gesprächsworkshops als Trainingslager
- Einüben von Strategien des aktiven Zuhörens
- Einüben von Smalltalk
- Einüben von situationsgebundenen Dialogpartien (z. B.: Telefonkompetenz)
- „Auswendiglernen-Lassen" von Texten mit hohem Gebrauchswert → Versatzstücke, Gesprächsrituale, Sprichwörter, Witze, Anekdoten …
- Last-Minute-Sprachführer etwa zu folgenden Bereichen: Höflichkeit, Verständigungsschwierigkeiten, Flirten, Unterkunft, Gastronomie, Einkaufen, Umgang mit Ärzten, Apotheken, Banken usw.
- Einbeziehen von Kommunikationsspielen und -übungen (Rollenspiele)
- thematische Situationen: sich begrüßen, sich verabschieden, sich und andere vorstellen, bitten, danken, sich entschuldigen, gratulieren, über Feiern reden, Urlaubserlebnisse austauschen, Verabredungen treffen, jemanden einladen, Vorlieben und Abneigungen ausdrücken, Hobbys, Interessen, Beziehungen ausdrücken, Gefühle äußern, Vorgänge und Umstände beschreiben, über Musik, Literatur, Fernsehen reden, Gespräche führen beim Einkaufen und in öffentlichen Einrichtungen wie Restaurants, Bibliotheken …

Wie bereite ich mich auf die mündliche Prüfung vor?

(Kopiervorlage für Schüler/innen; → CD-ROM)

- ☐ Ich kümmere mich baldmöglichst um eine/n Gesprächspartner/in für den interaktiven Teil der Prüfung (die Partner- oder Gruppenprüfung).
- ☐ Ich vergewissere mich, dass ich die Lerninhalte der mündlichen Prüfung genau notiert habe (Aushang im Klassenzimmer!).
- ☐ Ich wiederhole und vertiefe alle Redemittel in den *Repères* und im Vokabelverzeichnis in meinem Buch.
- ☐ Ich notiere alle Übungen, die wir zu Hause und im Unterricht zum mündlichen Sprachgebrauch gemacht haben, und wiederhole diese.
- ☐ Hat unsere Lehrerin / unser Lehrer spezielle Hefteinträge oder Kopiervorlagen zur mündlichen Prüfung erstellt/verteilt? Wenn ja, sind diese natürlich wichtiger Bestandteil meiner Prüfungsvorbereitung.
- ☐ Übungen zum monologischen Teil (z. B. Bildbeschreibung) kann ich zu Hause gut vorbereiten (Bilder aussuchen – Notizen dazu machen – jemandem, z. B. meiner Mutter, unter „Prüfungsbedingungen“ vortragen). Zeit im Auge behalten! Hilfreich dabei können eine Aufnahme und ein erneutes Anhören sein.
- ☐ Für den interaktiven Teil bespreche ich mit meinem/meiner Partner/in, welche Situationen und Gespräche auf Grund der vom Lehrer / von der Lehrerin angegebenen *Unités* denkbar wären (Aushang im Klassenzimmer). Dabei vergesse ich nicht, dass auch bereits „abgehandelte“ *Unités* im Buch von Bedeutung sein können.
- ☐ Für die so erfassten „Schwerpunkte“ wiederhole ich nochmals gewissenhaft den zugrunde gelegten Wortschatz und die relevanten Grammatikinhalte.
- ☐ Ich treffe mich regelmäßig mit meinem/meiner Gesprächspartner/in und wir trainieren unsere Gespräche (Aufnahme?! mit Korrektur und erneuter Aufnahme).
- ☐ Wir bereiten gemeinsam einen sinnvollen „Einstieg“ (Begrüßung, *bises* usw.) und „Ausstieg“ (Verabschiedung, Lösung, Kompromiss) vor.
- ☐ Wir trainieren gegenseitige „Hilfestellungen“ (*Tu cherches le mot pour ...?*), Augenkontakt und gegenseitige Rücksichtnahme im Gespräch.

4. Wie organisiere ich eine mündliche Prüfung für meine Klasse im Vorfeld der Prüfung? Wie führe ich die Prüfung am effizientesten und am transparentesten durch?

Im Folgenden finden Sie eine „Erinnerungs- und Informationsliste", damit Sie den Vorbereitungs- und Durchführungsaufwand für die mündliche Prüfung möglichst gering halten können.

1. ORGANISATORISCHES

Die Auswahl geeigneter Klassen, die inhaltliche und zeitliche Dimensionierung und die logistische Durchführung sollte in einer **Fachsitzung Französisch** koordiniert und geplant werden (gleiche Bedingungen für Schüler/innen gleicher Jahrgangsstufen!).

Denken Sie an die notwendige und intensive **Trainings- und Vorbereitungsphase** dieser Prüfungsform (gerade bei den Partner- und Gruppenprüfungen). Hierbei sollten die Schüler/innen zeitig und intensiv mit den Formen der mündliche Prüfung, mit den Arbeitsanweisungen und mit den Bewertungskriterien vertraut gemacht werden und dieselben auch spielerisch im Klassenzimmer anwenden. Dies erhöht sowohl die Transparenz als auch die Akzeptanz dieser „neuen" Prüfungsform; die Schüler/innen gehen angstfreier in die Prüfung.

Mündliche Prüfungen sind grundsätzlich in **allen Jahrgangsstufen** (also auch im ersten Lernjahr!) durchführbar.

Bei der **Terminplanung** sollte man berücksichtigen, dass die ersten Prüfungen im Jahr eher ungeeignet für die Durchführung als mündliche Prüfung sind, da die Schüler/innen sich zum einen langfristiger auf diese Prüfungsform vorbereiten sollten und zum anderen auch „Stoff" (Kommunikationsanlässe usw.) zu erarbeiten ist. Weiterhin sollte der logistische Vorlauf sorgfältig geplant werden (schulinterne Regelungen und Absprachen mit anderen Fachkollegen/-innen). Der Unterrichtsausfall sollte so gering wie möglich sein (ggf. Ausweichen auf den Nachmittag!). Eine geeignete Organisationsform wäre die Einrichtung von Prüfungstagen. Eine Absprache und Koordination mit den anderen modernen Fremdsprachen an der Schule ist nötig und wünschenswert.

Geprüft werden **zwei oder drei** Schüler/innen gleichzeitig.
Die **Teambildung** (Paar- bzw. Gruppenbildung) bleibt der Lehrkraft überlassen. Folgende Möglichkeiten sind dabei denkbar:
- Zuordnung nach pädagogischen Gesichtspunkten (Leistungsfähigkeit, persönliche Beziehungen) durch die Lehrkraft.
- Zuordnung über ein Losverfahren.
- Zuordnung unter weitestgehender Berücksichtigung von Schülerwünschen.

Wichtig dabei ist lediglich, dass die Lehrkräfte von Parallelklassen sich auf eine einheitliche Vorgehensweise einigen sollten (Chancengleichheit!).

Ist ein/e **Schüler/in bei einer Partner- oder Gruppenprüfung erkrankt**, kann entweder für das gesamte Paar / die gesamte Gruppe ein Ersatztermin anberaumt werden (Parallelklasse?), oder aber ein/e andere/r Schüler/in, der/die bereits geprüft wurde, kann für den/die nicht erkrankte/n Schüler/in (wenn diese/r die Prüfung am selben Tag ablegen will) als „Sparringspartner“ (ohne Wertung) einspringen.

Ist die **Gesamtzahl der zu prüfenden Schüler/innen** so, dass ein/e einzelne/r Schüler/in „übrig bleibt“, kann man in diesem Fall entweder eine Gruppenprüfung (mit drei Schülern/-innen) anberaumen, oder aber ebenfalls eine/n Schüler/in, der/die bereits geprüft wurde, als „Sparringspartner“ (ohne Wertung) hinzuziehen.

Wichtig ist, dass durch eine straffe Organisation (**Nachpräsenz!**) zwei oder mehr Paare/Gruppen, die unmittelbar aufeinander folgen, die gleiche Prüfung erhalten können. Damit reduziert sich der Arbeitsaufwand des/der Lehrers/-in beträchtlich. (→ CD-ROM)

Die **Gesamtprüfungsdauer** hängt von der jeweiligen Jahrgangsstufe ab. Als Richtwerte haben sich bewährt:

	Partnerprüfung	**Gruppenprüfung**
1. und 2. Lernjahr	ca. 10 Min. (7 Min. *jeu de rôle* + je 1–2 Min. *monologue suivi*)	ca. 13 Min. (9 Min. *jeu de rôle* + je 1–2 Min. *monologue suivi*)
3. Lernjahr	ca. 12 Min. (5–6 Min. *jeu de rôle* + je 2–3 Min. *monologue suivi*)	ca. 17 Min. (7–8 Min. *jeu de rôle* + je 2–3 Min. *monologue suivi*)
4. Lernjahr	ca. 13 Min. (6–7 Min. *jeu de rôle* + je 2–3 Min. *monologue suivi*)	ca. 18 Min. (8–9 Min. *jeu de rôle* + je 2–3 Min. *monologue suivi*)
5. Lernjahr	ca. 15 Min. (ca. 7 Min. *discussion* + je 3–4 Min. *monologue suivi*)	ca. 20 Min. (ca. 9 Min. *discussion* + je 3–4 Min. *monologue suivi*)

Die Verteilung der Arbeitszeit auf die einzelnen Prüfungsteile kann je nach Niveaustufe und Prüfungskonzeption variieren.

Grundsätzlich ist zu bedenken, dass diese Zeitspannen bereits eine erhebliche Anforderung an das Leistungspotenzial und an die Konzentrationsfähigkeit der Schüler/innen stellen. Mündliche Prüfungen (mehrere Minuten zusammenhängend sprechen, sich spontan und flexibel auf einen Gesprächspartner einstellen usw.) sind keineswegs leichter als schriftliche Prüfungen.

Zeitig sollte ein **Termin- und Raumplan** erstellt werden. Hier muss auch an eine kurze Vorbereitungszeit, an einen Raum für die Nachpräsenz (oder auch eine Vorpräsenz) und an die Organisation einer Aufsicht gedacht werden.

Die **Einarbeitungszeit der Prüflinge** variiert je nach Aufgabenformat und Niveaustufe. Bei den vorliegenden Aufgabenbeispielen gilt:
Für den **interaktiven Teil** ist stets eine Einarbeitungszeit vorgesehen. Daher empfiehlt es sich auch, bei der Durchführung der mündlichen Prüfung mit der Partner- oder Gruppenprüfung anzufangen. Ob und wie lange die Schüler/innen sich in dieser Phase grob absprechen dürfen (Strategie, Aufbau, Durchführung), kann die Lehrkraft abhängig vom jeweiligen Prüfungsformat und vom Leistungsstand der Klasse entscheiden; die Einarbeitungszeit sollte in jedem Fall knapp gehalten sein. Sie wird kürzer ausfallen können, je stärker die Rollenvorgaben struktu-

riert und mögliche Argumente auf der Rollenkarte bereits skizziert sind. Sie muss länger sein, wenn der Sprachanteil des einzelnen Prüflings relativ individuell ist, z.B. bei einer „echten“ Diskussion zu einem Thema ohne angedeutete Argumente auf der Rollenkarte. Als Faustregel für die Einarbeitungszeit zum interaktiven Teil kann gelten: in den ersten Lernjahren ca. zwei Minuten, in den späteren Lernjahren bis zu max. fünf Minuten.
Für den **monologischen Prüfungsteil** ist eine Einarbeitungszeit wohl nur dann unbedingt erforderlich, wenn eine längere zusammenhängende Äußerung zu einem Sprach- oder einem komplexeren Bildimpuls erwartet wird, was bei den vorliegenden Aufgabenbeispielen ab dem 3. Lernjahr der Fall ist: Die Schüler/innen sollten bei dieser Aufgabenform einige Minuten lang die Möglichkeit haben, sich vorab – also im Rahmen der Einarbeitungszeit vor Beginn der mündlichen Prüfung – Gedanken zu einer sinnvollen zusammenhängenden Äußerung zu machen. Sind hingegen relativ kurze monologische Äußerung zu Bildimpulsen erwartet (i.d.R. in den ersten Lernjahren), so kann eine Einarbeitungszeit ganz entfallen.
Wichtig ist in jedem Fall, dass das Anfertigen schriftlicher Notizen in den Einarbeitungsphasen untersagt sein sollte.

Bei der Aufstellung der Zeitpläne empfiehlt es sich, **Pausen** einzuplanen (nach drei bis vier Durchgängen), da mündliche Prüfungen ein hohes Maß an Konzentration erfordern – auch auf Seiten des/der Prüfers/-in.

Ein/e **Zweitprüfer/in** ist nicht notwendig und wird z.B. in Bayern auch nicht vom Kultusministerium gefordert; die Regelungen anderer Bundesländer müssen im Einzelfall abgeklärt werden. Sammelt man allerdings erste Erfahrungen mit der mündlichen Prüfung, kann das Hinzuziehen eines/einer zweiten Kollegen/-in hilfreich sein, gerade um bei großen Klassen die Arbeitsbelastung etwas zu dosieren.

Prüfungsunterlagen (Bilder und Rollenkarten laminieren!) und **Prüfungsprotokolle** sollten vorbereitet sein. Im Auftrag des bayerischen Kultusministeriums wurde eine Reihe von Unterlagen zur Bewertung mündlicher Prüfungen erarbeitet, die wir auch in dieser Handreichung als erprobte und transparente Hilfsmittel empfehlen möchten. In der Praxis hat es sich bewährt, die **Bewertungsbögen** (Beispiel s. S.20) für jede/n Schüler/in kopiert vorzuhalten und bereits während der Prüfung auszufüllen. Auch die für die jeweiligen Niveaustufen des GER vorliegenden **Deskriptoren** (Beispiel s. S.21) könnten für jede/n Schüler/in kopiert als Arbeitsgrundlage eine gewisse Erleichterung darstellen. Um die Berechnung der Gesamtnote (auf der Grundlage von zu vergebenden BEs, s. Bewertungsbögen) zu erleichtern, hat das ISB (www.isb.bayern.de) eine Seite eines gängigen und leicht zu bedienenden Berechnungsprogramms zur Verfügung gestellt.

Diese Bewertungsbögen dienen weiterhin der **Respizienz** und **Archivierung** der mündlichen Prüfung, so dass sie wieder einzusammeln und der Fachbetreuung weiterzuleiten sind.

Empfehlenswert wäre es, wenn der Fachbetreuer / die Fachbetreuerin die **Aufgabenstellungen archivieren** (Ordner, noch besser: digital) würden.

2. ZEITSTRUKTUR

Mündliche Prüfungen finden in der Regel am **Nachmittag** statt oder es werden eigens **Prüfungstage** vorgesehen/eingerichtet. Dabei sollten vor allem die Rahmenbedingungen der jeweiligen Schule berücksichtigt werden: Nachmittagsunterricht, Wahlunterricht, Arbeitsgruppen, Busabfahrtszeiten usw.

Die **Eltern** sollten rechtzeitig (evtl. bereits am Schuljahresende für das nächste Schuljahr oder aber mit dem ersten Elternbrief) über die Ansetzung der mündlichen Prüfungen informiert werden. Empfehlenswert ist das Abhalten eines Klassenelternabends, falls die mündliche Prüfung noch ein neueres Prüfungsformat für Schüler/innen und Eltern darstellen sollte. Ein Muster für einen Elternbrief finden Sie auf der beiliegenden CD-ROM.

Die **Schüler/innen** sollten ebenfalls informiert werden (möglichst zeitig im Schuljahr), welche schriftliche Prüfung durch eine mündliche ersetzt werden wird. Auch die einzelnen Elemente der mündlichen Prüfung (*interaction orale*, *monologue suivi*), der zeitliche Rahmen, die Organisationsform sollten den Schülern/-innen umfänglich bekannt gemacht werden.

Der **Zeitpunkt im Schuljahr** steht letztlich im Belieben der Lehrkraft. Allerdings empfiehlt es sich wegen der notwendigen längeren Vorbereitungsphase nicht, die erste Prüfung im Jahr als eine mündliche Prüfung abzuhalten. Weiterhin empfehlen wir im ersten Lernjahr (Jahrgangsstufe 6, F2, Referenzniveau A1) erst nach *Unité 4* eine mündliche Prüfung abzuhalten. Denn erst nach einigen Unterrichtswochen haben die Schüler/innen die sprachlichen Mittel und die kommunikative Kompetenz erarbeitet, um dieses Prüfungsformat erfolgreich zu durchlaufen. Aus den gleichen Gründen raten wir auf diesem Lernniveau von einer Gruppenprüfung ab.

Die **Prüfungstage** müssen – genauso wie bei schriftlichen Prüfungen – in den Terminplan (im Lehrerzimmer und im Klassenzimmer) eingetragen werden. Um den Schulbetrieb nicht zu unübersichtlich zu machen, ist es empfehlenswert, die Prüfung auf zwei (maximal drei) Nachmittage zu konzentrieren.

Die **Bekanntgabe der Prüfungstage**, der Themen sowie der Termin- und Organisationspläne an die Schüler/innen und Eltern erfolgt ca. drei Wochen vorher. Es hat sich dabei bewährt, die Termine von allen Schülern/-innen auf dem ausgehängten Terminplan mit Unterschrift bestätigen zu lassen.

Die Ergebnisse der mündlichen Prüfung werden nach Abschluss aller Prüfungen mitgeteilt. Bei der **Herausgabe der Bewertungsbögen** empfiehlt es sich – je nach individuellem Bedarf – beratend und moderierend tätig zu werden.

Wie immer sollte der **Eintrag in den Notenbogen** möglichst zeitnah erfolgen.

Alle Bewertungsbögen werden von den Schülern/-innen eingesammelt und dann – mit einem Mantelbogen – an den/die Fachbetreuer/in zur **Respizienz** weitergeleitet.

Checkliste für den/die Lehrer/in zum zeitlichen Vorlauf einer mündlichen Prüfung (→ CD-ROM)

Schuljahresanfang	
Eltern informieren / Elternbrief (s. Zusatzmaterial 14)	
Prüfungsmodalitäten abstimmen: Fachsitzung Französisch	
Schüler/innen informieren: Welche schriftliche Prüfung wird durch eine mündliche ersetzt? Wie läuft die Prüfung ab? Checkliste für Schüler/innen austeilen (s. Zusatzmaterial 1)	
Prüfungstage festlegen und eintragen (Nachmittagsunterricht der Klasse und Busabfahrtzeiten berücksichtigen!)	
ca. 3 bis 4 Wochen vorher	
Prüfungstermine bekannt geben	
Räume reservieren (für Prüfung, Vorbereitung und Nachpräsenz)	
Aufsicht organisieren	
Zeitpläne erstellen (Pausen einplanen)	
ca. 3 Wochen vorher	
Gruppenbildung, Bekanntgabe der Themenbereiche	
ca. 2 Wochen vorher	
Prüfungsunterlagen erstellen (Bilder und Rollenkarten laminieren!)	
ca. 1 Woche vorher	
Prüfungsprotokolle/Bewertungsbögen vorbereiten	
Schild „Achtung mdl. Prüfung! Bitte nicht stören." vorbereiten Große Uhr für Schüler bereitstellen Evtl. Medien (Bilder, Laptop usw.) bereitstellen	
Zweitprüfer informieren	
ca. 1–2 Wochen nachher	
Eintrag in die Notenbögen; Vorbereitung der Respizienz	

5. Wie bewerte ich die mündliche Prüfung?

Was die Inhalte und das Prüfungsverfahren (Zeitdauer, Form der Paarbildung, Einarbeitungszeit usw.) anbelangt, ist eine **Absprache der Lehrkräfte innerhalb einer Jahrgangsstufe** wünschenswert, um die Vergleichbarkeit der Prüfungen zu gewährleisten.

Stoffumfang und Schwerpunktthemen sollten den Schülern/-innen verlässlich und rechtzeitig mitgeteilt werden. Nicht im Sinne der mündlichen Prüfung wäre hingegen die Bekanntgabe der konkreten Prüfungsformate.
Die mündliche Prüfung sollte immer **mindestens aus zwei Prüfungsteilen** bestehen.

Die **Reihenfolge der Prüfungsteile** ist variabel. Allerdings empfiehlt es sich natürlich, mit der *interaction orale* zu beginnen, wenn die Schüler/innen nur zu diesem Teil eine Einarbeitungszeit bekommen.

Es empfiehlt sich, für die Bewertung einer mündlichen Prüfung die im Auftrag des bayerischen Staatsministeriums für Unterricht und Kultus entwickelten **Bewertungsbögen** zu verwenden (Beispiel S.20; die beiliegende CD-ROM enthält diese Bewertungsbögen für jede Niveaustufe des GER; herunterzuladen sind sie auch von www.isb.bayern.de). Sie sind **kriterienorientiert** und gliedern sich in folgende **Beurteilungsbereiche**:
- Aussprache/Intonation
- sprachliche Mittel / Sprachrichtigkeit (Grammatik/Lexik)
- Strategie/Interaktion
- Aufgabenerfüllung/Inhalt

Zur Einschätzung der jeweiligen Leistung in den einzelnen Bereichen dienen die **Kriterienlisten**, die für jede Niveaustufe vorliegen (Beispiel S.21; enthalten auf der beiliegenden CD-ROM, herunterzuladen auch von www.isb.bayern.de). Sie brechen die Deskriptoren des GER auf Binnenniveaus innerhalb der jeweiligen Niveaustufe herunter und erleichtern somit die Einschätzung der konkreten Schülerleistung und damit ihre Bepunktung. Ein ausformulierter Erwartungshorizont hingegen ist für die mündliche Prüfung wenig sinnvoll und auch nicht gefordert: Eine grobe inhaltliche Linie lässt sich zwar aus jedem Aufgabenimpuls heraus konstruieren; i.d.R. jedoch verlaufen die Äußerungen relativ offen. In jedem Falle würde ein vorformulierter Erwartungshorizont nur die inhaltliche Komponente erfassen (vgl. hierzu das Kriterium „Aufgabenerfüllung/Inhalt") und der Vielschichtigkeit einer mündlichen Leistung (vgl. die drei anderen Kriterien des Bewertungsbogens!) damit nicht einmal im Ansatz gerecht.

Auf den beiden folgenden Seiten finden Sie je ein Beispiel eines Bewertungsbogens und eines Deskriptorenblattes. Die Bewertungsbögen und Deskriptoren für alle Niveaustufen sind auf der CD-ROM vorhanden.
Die Bewertungsbögen auf der CD-ROM sind jederzeit veränderbare Word-Dokumente, denn die dort vorgegebene Bepunktung hat Empfehlungscharakter und ist keineswegs bindend. Je nach Aufgabendesign und Anforderungsprofil kann somit beispielsweise die Gewichtung der einzelnen Bereiche nach individuellen Bedürfnissen verändert werden.

Beispiel eines Bewertungsbogens (→ CD-ROM)

BEWERTUNG MÜNDLICHER SPRACHPRODUKTION A1/A1+

Schule:	Klasse/Lerngruppe:	Logo
Prüfer/in:	Schuljahr:	
(1./2./3./4.) Schulaufgabe aus (Fremdsprache) (Partner-/Gruppenprüfung) (Teile 1, 2, 3: Gesprächsformen und Inhalte)		
Datum:	Name:	

Erreichte BE	
Note	

Aussprache/Intonation (5 x 2 = 10 BE)	**0**	**1**	**2**	**3**	**4**	**5**	**BE**

Sprachliche Mittel/ Sprachrichtigkeit (Grammatik/ Lexik) (5 x 3 = 15 BE)	**0**	**1**	**2**	**3**	**4**	**5**	**BE**

Strategie/Interaktion (5 x 1 = 5 BE)	**0**	**1**	**2**	**3**	**4**	**5**	**BE**

Aufgabenerfüllung/Inhalt (5 x 2 = 10 BE)	**0**	**1**	**2**	**3**	**4**	**5**	**BE**

BE	40–36	35–31	30–26	25–20	19–13	12–0
Note	1	2	3	4	5	6

Kriterien zur Bewertung mündlicher Sprachproduktion (Beispiel einer Kriterienliste; → CD-ROM)

A1 / A1+ (evtl. Faktor)	Aussprache/Intonation	Sprachliche Mittel/Sprachrichtigkeit (Grammatik/Lexik)	Strategie/Interaktion	Aufgabenerfüllung/Inhalt
	2	3	1	2
5 4,5	– kann ein sehr begrenztes Repertoire von einzelnen Wörtern und Redewendungen im Allgemeinen deutlich und klar aussprechen – merklicher Akzent	– verwendet einfache grammatikalische und lexikalische Strukturen eines gelernten Repertoires (in Bezug auf die eigene Person oder sehr vertraute Themen) [illegible]	– kann sich auf einfache Weise an einem Gespräch gut beteiligen, bei einem sehr begrenzten Repertoire von persönlichen und vertrauten Themen – Hilfe kaum notwendig	– erfüllt die gestellten Aufgaben in vollem Umfang – kann einfache und konkrete Sachverhalte aus einem sehr begrenzten Repertoire präzise und recht flüssig darstellen
4 3,5	– spricht meist deutlich und klar – deutlicher Akzent	– verwendet einige wenige grammatikalische Strukturen sowie einzelne Wörter und Wendungen meist richtig – geringfügige Fehler stören die elementare Kommunikation kaum	– kann sich auf einfache Weise relativ gut verständigen, bei einem sehr begrenzten Repertoire von persönlichen und vertrauten Themen – Hilfe gelegentlich notwendig	– erfüllt die gestellten Aufgaben bzw. die vorgegebene Rolle aus einem sehr begrenzten Repertoire in angemessenem Umfang
3 2,5	– artikuliert und betont insgesamt noch verständlich im Rahmen eines sehr begrenzten sprachlichen Repertoires – deutlicher Akzent, teilweise störend	– verwendet einige wenige einfache sprachliche Mittel – etliche, teilweise gravierende Fehler erschweren das Verständnis gelegentlich	– kann sich auf einfache Weise verständigen, doch ist die Kommunikation davon abhängig, dass etwas wiederholt, umformuliert oder korrigiert wird – Hilfe oft notwendig	– erfüllt die gestellten Aufgaben oder die vorgegebene Rolle trotz gelegentlicher Schwächen (Abweichungen, fehlende Relevanz, Auslassungen) noch hinreichend
2 1,5	– Mängel in Artikulation und Betonung beeinträchtigen die Verständlichkeit	– verfügt über wenige sprachliche Mittel des erlernten Repertoires – die Kommunikation ist oft schwierig	– hat Mühe, sich auf einfache Weise zu verständigen – braucht sehr oft Hilfe	– kann einfache, konkrete Sachverhalte aus einigen wenigen vertrauten Bereichen nur sehr eingeschränkt und wenig relevant darstellen
1 0,5	– häufige Mängel in Artikulation und Betonung beeinträchtigen die Verständlichkeit erheblich	– verwendet die wenigen einfachen Strukturen und Wendungen so fehlerhaft, dass die Kommunikation erheblich beeinträchtigt ist	– kann sich nur auf sehr elementare Weise verständlich machen – braucht stets die Hilfe des Gesprächspartners	– erfüllt die gestellten Aufgaben bzw. die vorgegebene Rolle nur ansatzweise
0	– unverständlich	– völlig unzureichend	– inadäquat	– Beitrag unbrauchbar

BE	40–36	35–31	30–26	25–20	19–13	12–0
Note	1	2	3	4	5	6

6. Wie evaluiere ich die mündliche Prüfung?

Nach der Durchführung einer mündlichen Prüfung ist eine Evaluation in zweifacher Weise denkbar:

1. INDIVIDUALISIERTE EVALUATION

Auf der **Grundlage der Bewertungsbögen** können Schüler/innen mit signifikanten Lerndefiziten gezielt zu Hause, in der Intensivierung oder aber in Stunden mit Elementen der Binnendifferenzierung gefördert werden. Diese Phase der Förderung kann dann in eine erneute Anwendung der Prüfungsformate der mündlichen Prüfung im laufenden Unterricht (kleine Leistungsmessungen, mündliche Note) münden, so dass der/die Schüler/in sein/ihr Misserfolgserlebnis in der mündlichen Prüfung durch einen Lernfortschritt kompensieren kann.

2. KLASSENORIENTIERTE EVALUATION

Hat eine diagnostische Auswertung der mündlichen Prüfung ergeben, dass mehrere Schüler/innen noch Defizite oder Mängel in einzelnen Bereichen der mündlichen Prüfung aufweisen, kann hier ebenfalls die Nachbereitung im Unterricht Abhilfe schaffen:

- fortgeführte Betonung der mündlichen Kommunikationskompetenz im laufenden Unterricht, d.h. verstärktes Einplanen mündlicher Übungsformen (s.a. Time to talk! Cornelsen 2005)
- Schulung der Redekompetenz durch Rednerlisten
- gezielte Hinweise auf die *Repères* (Redemittel)
- Wiederholung und besonderes Achten auf den Einsatz von *mots charnières* usw.

7. Literatur

- Gemeinsamer europäischer Referenzrahmen für Sprachen: lernen, lehren, beurteilen, Hg. Europarat / Rat für kulturelle Zusammenarbeit, Berlin: Langenscheidt 2001
- Time to talk! Parlons! Parliamo! ¡Tiempo para hablar! Пора поговорить! Eine Handreichung zur Mündlichkeit im Unterricht der modernen Fremdsprachen, Hg. Staatsinstitut für Schulqualität und Bildungsforschung München, Berlin: Cornelsen 2005
- Bildungsstandards Französisch: konkret. Sekundarstufe I: Grundlagen, Aufgabenbeispiele und Unterrichtsanregungen, Hg. B. Tesch, E. Leupold und O. Köller, Berlin: Cornelsen-Scriptor 2008

Première partie: Interaction orale – Jeu de rôle (7 min.)

A – TOI ET TON/TA CORRESPONDANT/E

Tu es un/e élève français/e. Tu es devant ton ordinateur. Tu allumes Skype[1] et tu parles avec ton/ta correspondant/e allemand/e pour la première fois[2]. Tu parles en français.

1. Du grüßt und sagst, wer du bist.
2. Du sagst, wie alt du bist und wo du wohnst.
3. Gib an, ob du Geschwister oder Haustiere hast und frage deine/n Austauschpartner/in, ob er/sie auch Haustiere hat.
4. Schau dir die Tabelle an. Dort sind die Dinge angegeben, die du magst und die du nicht magst. Finde heraus, ob sich dein/e Austauschpartner/in für ähnliche Dinge wie du interessiert.
5. Sag, dass du noch ein Foto schickst und erkläre, wer oder was darauf abgebildet ist.
6. Verabschiede dich.

☺	😐	☹

1 *Skype ist eine unentgeltlich erhältliche Software, mit der man auch telefonieren kann.*
2 pour la première fois: *zum ersten Mal*

✂- -

À plus! 1	Niveau A1	nach Unité 4	PARTNERPRÜFUNG A

Première partie: Interaction orale – Jeu de rôle (7 min.)

B – TOI ET TON/TA CORRESPONDANT/E

Tu es le/la correspondant/e allemand/e. Tu es devant ton ordinateur. Ton/Ta correspondant/e t'appelle pour la première fois[1] avec Skype[2]. Tu parles en français.

1. Du grüßt.
2. Du sagst, wie alt du bist und wo du wohnst.
3. Rede über deine Familie: Beantworte die Fragen deines/deiner Austauschpartnerin.
4. Schau dir die Tabelle an. Dort sind die Dinge angegeben, die du magst und die du nicht magst. Finde heraus, ob sich dein/e Austauschpartner/in für ähnliche Dinge wie du interessiert.
5. Bedanke dich für das Foto, schicke auch eines und erkläre wer/was darauf abgebildet ist.
6. Beende das Gespräch: Ihr müsst gleich essen.

☺	😐	☹

1 pour la première fois: *zum ersten Mal*
2 *Skype ist eine unentgeltlich erhältliche Software, mit der man auch telefonieren kann.*

À plus! 1	Niveau A1	nach Unité 4	PARTNERPRÜFUNG A

Deuxième partie: Monologue suivi – Parler d'une photo (1–2 min.)

CANDIDAT A

- Qu'est-ce qu'il y a sur la photo?
- C'est où?
- Qu'est-ce que les élèves font?

✂- -

À plus! 1	Niveau A1	nach Unité 4	PARTNERPRÜFUNG A

Deuxième partie: Monologue suivi – Parler d'une photo (1–2 min.)

CANDIDAT B

- Qu'est-ce qu'il y a sur la photo?
- C'est où?
- Qu'est-ce que les élèves font?

Première partie: Interaction orale – Jeu de rôle (7 min.)

A – JE CHERCHE …

Tu es nouveau/nouvelle. Tu es au CDI et tu cherches:

Tu demandes à[1] un garçon / une fille. Il/Elle est sympa.

- Sag, wer du bist und dass du neu bist.
- Finde heraus, in welcher Klasse der Junge / das Mädchen ist.
- Unterhalte dich über die Schule:
  ☹: la cantine
  ☺: M. Conté, le prof de maths; Mme Pianta
- Du möchtest mehr über den „club-photo“ von M. Ardent und über einzelne Mitglieder des „club-photo“ wissen (Wer? Klasse?).

1 demander à: *fragen*

✂- -

À plus! 1	Niveau A1	nach Unité 4	PARTNERPRÜFUNG B

Première partie: Interaction orale – Jeu de rôle (7 min.)

B – JE CHERCHE …

Tu es au CDI et tu cherches:

Au CDI, il y a aussi un/e nouveau/nouvelle. Il/Elle cherche quelque chose[1] …
Tu réponds à ses questions.[2] Il/Elle est sympa.
Hilf ihm/ihr. Erkläre, wo die Sachen im CDI stehen.

- Stell dich vor und sag, in welcher Klasse du bist.
- Unterhalte dich über die Schule:
  ☺: la cantine
  ☺: M. Conté, le prof de maths; le club-photo de M. Ardent
- Du erzählst, was ihr im „club-photo“ macht und wer mitmacht.

1 quelque chose: *etwas* – 2 Tu réponds à ses questions.: *Du antwortest auf seine/ihre Fragen.*

À plus! 1	Niveau A1	nach Unité 4	PARTNERPRÜFUNG B

Deuxième partie: Monologue suivi – Parler d'une image (1–2 min.)

CANDIDAT A

- Qu'est-ce qu'il y a dans la chambre? Où?
- C'est la chambre de qui? Imagine et raconte.

✂- -

À plus! 1	Niveau A1	nach Unité 4	PARTNERPRÜFUNG B

Deuxième partie: Monologue suivi – Parler d'une image (1–2 min.)

CANDIDAT B

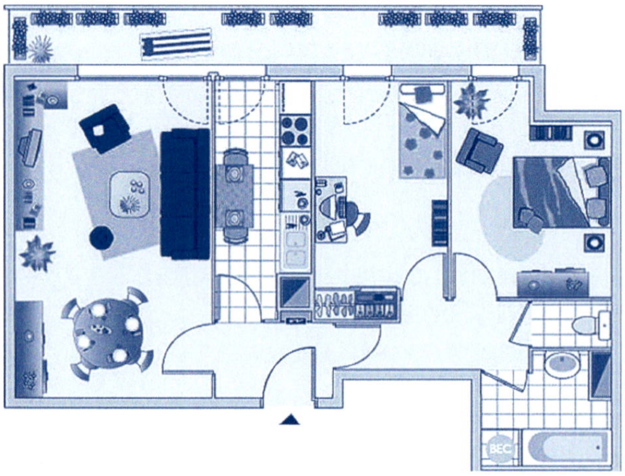

- Décris[1] l'appartement.
- Qui habite là? Imagine et raconte.

1 décris: *beschreibe*

À plus! 1	Niveau A1	nach Unité 4	PARTNERPRÜFUNG C

Première partie: Interaction orale – Jeu de rôle (7 min.)

A – APRÈS L'ÉCOLE

Après l'école, tu rentres avec ton copain / ta copine.
1. Vous parlez de vos correspondants (âge, ville, hobbies ...).
2. Tu voudrais aussi faire quelque chose[1] avec ton copain / ta copine aujourd'hui, demain ou samedi.

Vereinbare eine Aktivität mit deinem Freund / deiner Freundin.

Diese Aktivitäten stehen zur Auswahl:

aujourd'hui	**demain**	**samedi**
match de foot à la télé (Lyon contre Marseille)	cirque Place Bellecour Billets: 15 €	concert «Stereophonics» Billets: 25 €

1 quelque chose: *etwas*

✂— —

À plus! 1	Niveau A1	nach Unité 4	PARTNERPRÜFUNG C

Première partie: Interaction orale – Jeu de rôle (7 min.)

B – APRÈS L'ÉCOLE

Après l'école, tu rentres avec ton copain / ta copine.
1. Vous parlez de vos correspondants (âge, ville, hobbies ...).
2. Ton copain / Ta copine veut aussi faire quelque chose[1] avec toi aujourd'hui, demain ou samedi. Regarde ton agenda et discute avec ton copain / ta copine.

Tu aimes: les concerts, le foot

Tu n'aimes pas: le cirque

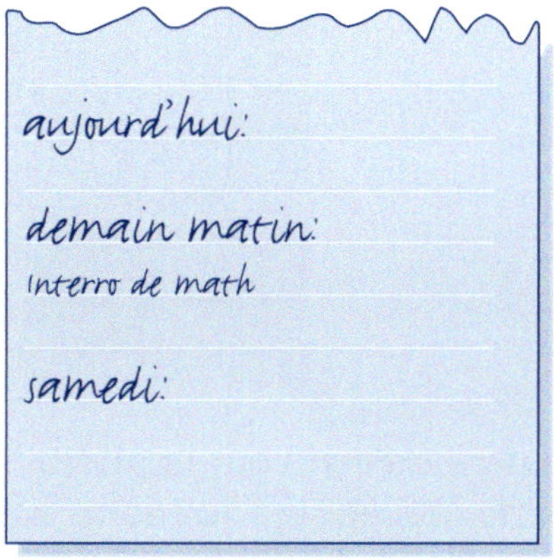

1 quelque chose: *etwas*

À plus! 1	Niveau A1	nach Unité 4	PARTNERPRÜFUNG C

Deuxième partie: Monologue suivi – Parler d'une photo (1–2 min.)

CANDIDAT A

- Qu'est-ce qu'il y a sur la photo?
- Imagine: qui est le garçon (nom, âge, hobbies …)?
- Parle aussi de sa famille.

✂– –

À plus! 1	Niveau A1	nach Unité 4	PARTNERPRÜFUNG C

Deuxième partie: Monologue suivi – Parler d'une photo (1–2 min.)

CANDIDAT B

- Qu'est-ce qu'il y a sur la photo?
- Imagine: qui est la fille (nom, âge, hobbies …)?
- Parle aussi de sa famille.

Première partie: Interaction orale – Jeu de rôle (7 min.)

A – QU'EST-CE QU'ON PHOTOGRAPHIE?

Toi et ton copain / ta copine, vous êtes dans le club-photo de M. Ardent. Après l'école, vous voulez faire des photos. Mais vous n'êtes pas toujours d'accord.
Einige dich mit deinem Freund / deiner Freundin auf vier Motive. Unterhalte dich mit ihm/ihr auch über den Fotoklub und M. Ardent.

Tu veux 	Tu ne veux pas 
le CDI	ta famille
le collège	les traboules
M. Ardent	ta chambre
un surveillant	M. Mirelli
le Gros Caillou	la Place Bellecour
les profs	la cantine

✂- -

À plus! 1	Niveau A1	nach Unité 4	PARTNERPRÜFUNG D

Première partie: Interaction orale – Jeu de rôle (7 min.)

B – QU'EST-CE QU'ON PHOTOGRAPHIE?

Toi et ton copain / ta copine, vous êtes dans le club-photo de M. Ardent. Après l'école, vous voulez faire des photos. Mais vous n'êtes pas toujours d'accord.
Einige dich mit deinem Freund / deiner Freundin auf Motive. Unterhalte dich mit ihm/ihr auch über den Fotoklub und M. Ardent.

Tu veux 	Tu ne veux pas 
la famille de ton copain / ta copine	ta famille
la Place Bellecour	le Gros Caillou
M. Mirelli	le CDI
la chambre de ton copain / ta copine	le collège
les profs	ta chambre
la cantine	

Deuxième partie: Monologue suivi – Parler d'une image (1–2 min.)

CANDIDAT A

- Décris[1] l'image.
- Imagine: c'est qui? (nom, âge ...)
- Raconte une petite histoire.[2]

1 décris: *beschreibe* – 2 Raconte une petite histoire.: *Erzähle eine kleine Geschichte.*

✂- -

À plus! 1	Niveau A1	nach Unité 4	PARTNERPRÜFUNG D

Deuxième partie: Monologue suivi – Parler d'une photo (1–2 min.)

CANDIDAT B

- Décris[1] la photo.
- Imagine: c'est qui? (nom, âge ...)
- Raconte une petite histoire.[2]

1 décris: *beschreibe* – 2 Raconte une petite histoire.: *Erzähle eine kleine Geschichte.*

À plus! 1	Niveau A1	nach Unité 7	PARTNERPRÜFUNG A

Première partie: Interaction orale – Jeu de rôle (7 min.)

A – À LYON

Tu es un/e élève français/e et tu habites à Lyon. Ton/Ta correspondant/e allemand/e est chez toi pour quatre jours. Le soir, après le dîner, vous discutez.

1. Vous parlez de vos hobbies. Tu aimes:

2. Faites un programme pour quatre jours. Tu proposes[1]:

jeudi	vendredi	samedi	dimanche
musée le quartier de la Croix-Rousse	le parc de la Tête d'Or le Jardin des plantes	magasins cinéma	marché aux puces café

1 proposer qc: *etw. vorschlagen*

✂- -

À plus! 1	Niveau A1	nach Unité 7	PARTNERPRÜFUNG A

Première partie: Interaction orale – Jeu de rôle (7 min.)

B – À LYON

Tu es chez ton/ta correspondant/e à Lyon pour quatre jours. Le soir, après le dîner, vous discutez.

1. Vous parlez de vos hobbies. Tu aimes:

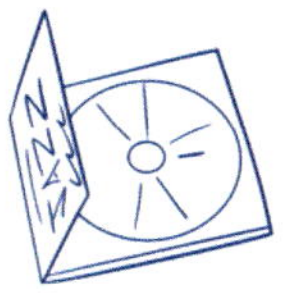   

2. Faites un programme pour quatre jours. Tu aimes / n'aimes pas:

☺	☹
le cinéma le théâtre la musique faire des courses	les musées les promenades

Deuxième partie: Monologue suivi – Parler d'une image (1–2 min.)

CANDIDAT A

Regarde les images et raconte la journée de Victor.

✂- -

À plus! 1	Niveau A1	nach Unité 7	PARTNERPRÜFUNG A

Deuxième partie: Monologue suivi – Parler d'une image (1–2 min.)

CANDIDAT B

Regarde les images et raconte la journée de Sophie.

À plus! 1	Niveau A1	nach Unité 7	PARTNERPRÜFUNG B

Première partie: Interaction orale – Jeu de rôle (7 min.)

A – AU MARCHÉ AUX PUCES

Tu es au marché aux puces à Lyon. Tu cherches un cadeau pour l'anniversaire d'un/e copain/copine. Tu parles avec un/e marchand/e.

- Tu demandes les prix:

? €

? €

? €

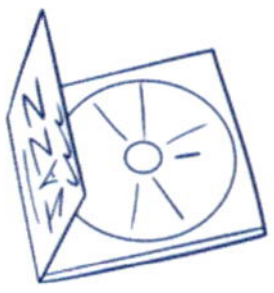
? €

- Tu n'es pas d'accord avec les prix.
- Le marchand te montre quelque chose: Tu n'es pas d'accord avec le prix.

? €

- Mais tu veux acheter la bédé. Alors, vous parlez du prix.
- Tu achètes la bédé et tu dis au revoir.

✂- -

À plus! 1	Niveau A1	nach Unité 7	PARTNERPRÜFUNG B

Première partie: Interaction orale – Jeu de rôle (7 min.)

B – AU MARCHÉ AUX PUCES

Tu es un/e marchand/e au marché aux puces à Lyon. Un garçon / Une fille demande des prix.

- Tu dis les prix:

48 €

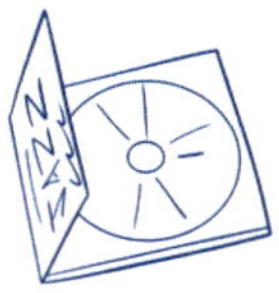
18 €

12 €

16 €

- Tu montres quelque chose au garçon / à la fille et tu dis le prix:

8 €

- Le garçon / La fille n'est pas d'accord avec le prix. Toi, tu trouves que[1] ce n'est pas cher.
- Mais tu veux vendre[2] la bédé, alors vous trouvez une solution.
- Le garçon / La fille achète la bédé. Tu dis au revoir.

1 tu trouves que: *du findest, dass* – 2 vendre: *verkaufen*

Deuxième partie: Monologue suivi – Parler d'une photo (1–2 min.)

CANDIDAT A

- Qu'est-ce qu'il y a sur la photo?
- C'est la chambre d'un garçon ou d'une fille? Pourquoi?
- Il/Elle s'appelle comment? Parle de lui / d'elle (âge, famille, hobbies ...).

À plus! 1	Niveau A1	nach Unité 7	PARTNERPRÜFUNG B

Deuxième partie: Monologue suivi – Parler d'une photo (1–2 min.)

CANDIDAT B

- Qu'est-ce qu'il y a sur la photo?
- Qu'est-ce qu'ils vont faire après?
- Imagine une petite histoire.

Première partie: Interaction orale – Jeu de rôle (7 min.)

A – L'EMPLOI DU TEMPS

Lundi matin, devant le collège: tu es en sixième D et tu parles avec un/e autre élève. Il/Elle est nouveau/nouvelle en sixième C. Vous parlez de vos emplois du temps.

- Vous comparez[1] vos emplois du temps (Quoi? Quand? Combien de cours? …).
- Qu'est-ce que vous aimez? Qu'est-ce que vous n'aimez pas? Et pourquoi? (notes, profs, devoirs …)
- Parlez aussi de vos hobbies.
- Tu veux aller à la cantine aujourd'hui. Tu demandes au nouveau élève / à la nouvelle élève.

6ᵉ D	**Lundi**	**Mardi**
8–8:55 h	français ☺	maths 😐
9–9:55 h	musique 😐	maths
	récréation	récréation
10:15–11:10	éducation civique ☺	français ☺
11:15–12:10	études dirigées	
	cantine	cantine / club bédé
14–14:55	histoire / géo ☺	histoire / géo ☺
15–15:55	français ☺	allemand / anglais ☹
16–16:55		
		handball

1 comparer: *vergleichen*

✂- -

À plus! 1	Niveau A1	nach Unité 7	PARTNERPRÜFUNG C

Première partie: Interaction orale – Jeu de rôle (7 min.)

B – L'EMPLOI DU TEMPS

Lundi matin, devant le collège: tu es nouveau/nouvelle et tu es en sixième C. Tu parles avec un/e élève. Il/Elle est en sixième D. Vous parlez de vos emplois du temps.

- Vous comparez[1] vos emplois du temps (Quoi? Quand? Combien de cours? …).
- Qu'est-ce que vous aimez? Qu'est-ce que vous n'aimez pas? Et pourquoi? (notes, profs, devoirs …)
- Parlez aussi de vos hobbies.
- Le lundi, tu ne peux pas aller à la cantine. Pourquoi?

6ᵉ C	**Lundi**	**Mardi**
8–8:55 h	dessin ☺	
9–9:55 h	français 😐	technologie 😐
	récréation	récréation
10:15–11:10	S.V.T. 😐	maths ☹
11:15–12:10	maths ☹	maths
	cantine / club photo	cantine
14–14:55	histoire / géo ☺	histoire / géo ☺
15–15:55	sport ☹	allemand / anglais ☺
16–16:55	sport	français 😐
	trompette	

1 comparer: *vergleichen*

Deuxième partie: Monologue suivi – Parler d'une photo (1–2 min.)

CANDIDAT A

- Qu'est-ce qu'il y a sur la photo?
- Qu'est-ce qu'il va faire après?
- Imagine une petite histoire.

✂- -

À plus! 1 | Niveau A1 | nach Unité 7 | PARTNERPRÜFUNG C

Deuxième partie: Monologue suivi – Parler d'une photo (1–2 min.)

CANDIDAT B

- Qu'est-ce qu'il y a sur la photo?
- Qu'est-ce qu'ils vont faire après?
- Imagine une petite histoire.

À plus! 1	Niveau A1	nach Unité 7	PARTNERPRÜFUNG D

Première partie: Interaction orale – Jeu de rôle (7 min.)

A – TU AIMES LYON?

la place des Terreaux

Tu passes[1] cinq jours chez ton/ta correspondant/e à Lyon. Tu aimes beaucoup la ville. Mais ton/ta correspondant/e n'est pas d'accord parce qu'il/elle préfère la campagne. Discutez et trouvez un compromis[2].

Lyon ☺	**la campagne** ☹
les restaurants/cafés les magasins les traboules les parcs	pas de cinéma/théatre/musée

1 passer: *verbringen* – 2 trouver un compromis: *einen Kompromiss finden*

✂– –

À plus! 1	Niveau A1	nach Unité 7	PARTNERPRÜFUNG D

Première partie: Interaction orale – Jeu de rôle (7 min.)

B – TU AIMES LYON?

la place des Terreaux

Tu habites à Lyon. Ton/Ta correspondant/e passe[1] cinq jours chez toi. Il/Elle aime beaucoup la ville. Tu n'es pas d'accord parce que tu préfères la campagne. Discutez et trouvez un compromis[2].

Lyon ☹	**la campagne** ☺
beaucoup de gens cher pas d'amis Quand il fait chaud, …	jouer dans le jardin manger les gens les animaux

1 passer: *verbringen* – 2 trouver un compromis: *einen Kompromiss finden*

À plus! 1	Niveau A1	nach Unité 7	PARTNERPRÜFUNG D

Deuxième partie: Monologue suivi – Parler d'une photo (1–2 min.)

CANDIDAT A

- Qu'est-ce qu'il y a sur la photo?
- Qu'est-ce qu'elle fait?
- Imagine une petite histoire.

✂- -

À plus! 1	Niveau A1	nach Unité 7	PARTNERPRÜFUNG D

Deuxième partie: Monologue suivi – Parler d'une photo (1–2 min.)

CANDIDAT B

- Qu'est-ce qu'il y a sur la photo?
- Qu'est-ce qu'elles font?
- Imagine une petite histoire.

Première partie: Interaction orale – Jeu de rôle (7 min.)

A – L'ÉCHANGE

Tu es en 5ᵉA. Vous préparez le programme pour vos correspondants qui arrivent dans deux semaines. Tu discutes avec un/e autre élève …

- Vous parlez de vos correspondants (☺).
- Tu fais des propositions[1] pour le programme de l'échange:

mardi	mercredi	jeudi	vendredi
rallye à Nantes	le Jardin des plantes	…	…

- Tu trouves que les idées de ton copain / ta copine ne sont pas mal. Puis, tu proposes ce qu'[2]on pourrait faire le soir:

cinéma	festival de hip-hop	…	…

- Vous parlez de vos cours (pendant la semaine de l'échange).
- Vous parlez du mail que vous voulez écrire à vos correspondants.

1 la proposition: *der Vorschlag* – 2 ce que: *was*

✂- -

À plus! 2	Niveau A1+	nach Unité 3	PARTNERPRÜFUNG A

Première partie: Interaction orale – Jeu de rôle (7 min.)

B – L'ÉCHANGE

Tu es en 5ᵉA. Vous préparez le programme pour vos correspondants qui arrivent dans deux semaines. Tu discutes avec un/e autre élève …

- Vous parlez de vos correspondants (☺).
- Tu n'es pas d'accord avec les propositions[1] de ton copain / ta copine. Toi aussi, tu fais des propositions:

mardi	mercredi	jeudi	vendredi
excursion à la mer	l'île de Noirmoutier	…	…

- Tu trouves les idées de ton copain / ta copine super mais tu fais encore d'autres propositions:

restaurant	…	fête	…

- Vous parlez de vos cours (pendant la semaine de l'échange).
- Vous parlez du mail que vous voulez écrire à vos correspondants.

1 la proposition: *der Vorschlag* – 2 ce que: *was*

Deuxième partie: Monologue suivi – Parler d'une photo (1–2 min.)

CANDIDAT A

- Décris la photo.
- Qu'est-ce qu'il a fait il y a une heure?
- Qu'est-ce qu'il va faire dans une heure?

À plus! 2	Niveau A1+	nach Unité 3	PARTNERPRÜFUNG A

Deuxième partie: Monologue suivi – Parler d'une photo (1–2 min.)

CANDIDAT B

- Décris la photo.
- Imagine la situation. Pourquoi est-ce qu'ils sont là?
- Qu'est-ce qu'ils vont faire dans une heure?

À plus! 2	Niveau A1+	nach Unité 3	PARTNERPRÜFUNG B

Première partie: Interaction orale – Jeu de rôle (7 min.)

A – AU MARCHÉ

Tu es en France chez ton/ta correspondant/e. Tu veux préparer une salade de fruits pour le dîner. Mais avant, tu dois faire les courses. La mère de ton/ta correspondant/e t'a demandé d'acheter aussi d'autres choses.

- Tu expliques au marchand / à la marchande ce que[1] tu veux préparer.
- Tu demandes au marchand / à la marchande quels fruits il/elle peut recommander[2] aujourd'hui.
- Tu demandes aussi comment il/elle prépare une salade de fruits.
- Tu réponds aux questions du marchand / de la marchande.

Liste de produits 

Pour la salade		Pour la mère	
3		1 kg	
5		1	
1		6	
1		1	

1 ce que: *was* – 2 recommander qc: *etw. empfehlen*

✂- -

À plus! 2	Niveau A1+	nach Unité 3	PARTNERPRÜFUNG B

Première partie: Interaction orale – Jeu de rôle (7 min.)

B – AU MARCHÉ

Tu es le/la marchand/e. Tu vends les produits de ta ferme. Aujourd'hui, tu as déjà eu beaucoup de clients et il y a des produits que tu n'as plus. Regarde la liste des produits à droite.

- Tu dis comment tu prépares une salade de fruits.
- Tu ne connais pas le client / la cliente qui parle avec un petit accent.
- Tu demandes au client / à la cliente d'où il/elle vient.
- Tu demandes pourquoi il/elle est en France.

Liste de produits qui manquent

☹

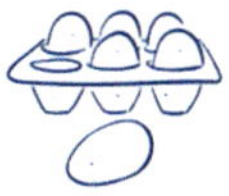

À plus! 2	Niveau A1+	nach Unité 3	PARTNERPRÜFUNG B

Deuxième partie: Monologue suivi – Parler d'une photo (1–2 min.)

CANDIDAT A

- Décris la photo.
- Imagine la situation (Qui? Où? Pourquoi? ...).
- Mets-toi à la place d'un/e élève et imagine ce qu'il/elle dit ou ce qu'il/elle pense.

✂ -

À plus! 2	Niveau A1+	nach Unité 3	PARTNERPRÜFUNG B

Deuxième partie: Monologue suivi – Parler d'une photo (1–2 min.)

CANDIDAT B

- Décris la photo.
- Imagine la situation (Qui? Où? Pourquoi? ...).
- Mets-toi à la place d'une personne et imagine ce qu'elle dit ou ce qu'elle pense.

À plus! 2	Niveau A1+	nach Unité 3	PARTNERPRÜFUNG C

Première partie: Interaction orale – Jeu de rôle (7 min.)

A – LA RECETTE

Demain, c'est l'anniversaire de votre mère. Tu veux préparer un gâteau aux pommes avec ton frère / ta sœur.

- Tu demandes à ton frère / ta sœur où il/elle a mis la recette.
- Tu as trouvé la recette. Tu la lis à ton frère / ta sœur:

200 g 

175 g 

75 g 
2 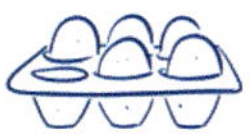
4 
1 

- Vous décidez[1] qui va faire quoi (faire les courses, préparer les pommes, ranger la cuisine …). Tu n'as pas envie de faire les courses …
- Votre mère va arriver dans une heure. Réfléchissez: qu'est-ce que vous allez dire quand elle va entrer dans la cuisine?

1 décider: *entscheiden*

✂– –

À plus! 2	Niveau A1+	nach Unité 3	PARTNERPRÜFUNG C

Première partie: Interaction orale – Jeu de rôle (7 min.)

B – LA RECETTE

Demain, c'est l'anniversaire de votre mère. Tu veux préparer un gâteau aux pommes avec ton frère / ta sœur.

- Tu expliques à ton frère / ta sœur où tu as mis la recette.
- Ton frère / Ta sœur lit la recette et tu cherches les produits dans la cuisine. Tu dis ce qu'[1]il faut acheter.
- Vous décidez[2] qui va faire quoi (faire les courses, préparer les pommes, ranger la cuisine …). Tu n'as pas envie de faire les courses mais tu proposes de ranger la cuisine.
- Votre mère va arriver dans une heure. Réfléchissez: qu'est-ce que vous allez dire quand elle va entrer dans la cuisine?

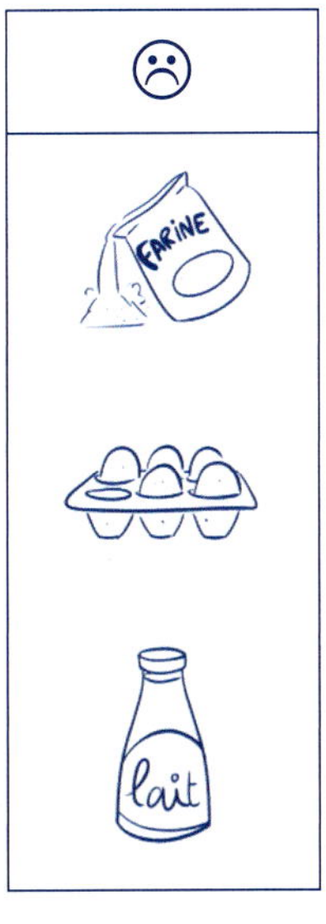

1 ce que: *was* – 2 décider: *entscheiden*

Deuxième partie: Monologue suivi – Parler d'une photo (1–2 min.)

CANDIDAT A

- Décris la photo.
- Qu'est-ce qu'ils vont faire dans une heure?
- Imagine une petite histoire.

✂- -

À plus! 2	Niveau A1+	nach Unité 3	PARTNERPRÜFUNG C

Deuxième partie: Monologue suivi – Parler d'une photo (1–2 min.)

CANDIDAT B

- Décris la photo.
- Qu'est-ce qu'ils ont fait il y a une heure?
- Qu'est-ce qu'ils vont faire dans une heure?

À plus! 2	Niveau A1+	nach Unité 3	PARTNERPRÜFUNG D

Première partie: Interaction orale – Jeu de rôle (7 min.)

A – L'ÉCOLE DU CIRQUE

Tu es un/e élève français/e. Depuis longtemps[1], tu veux aller à l'école du cirque. Tu discutes avec ta mère / ton père.

- Tu dis pourquoi tu veux aller à l'école du cirque (les autres sports ☹, amis, intéressant …).
- Tu expliques ce qu'[2]on peut faire à l'école du cirque:

- Tu dis quelle discipline tu veux faire. Pourquoi?
- Tu expliques le chemin à ta mère / ton père. Tu dis que tu peux aller là-bas avec un copain / une copine.
- Tu dis que tu vas travailler pour l'école et que tu as eu un 16 en maths.

1 depuis longtemps: *seit langem* – 2 ce que: *was*

✂- -

À plus! 2	Niveau A1+	nach Unité 3	PARTNERPRÜFUNG D

Première partie: Interaction orale – Jeu de rôle (7 min.)

B – L'ÉCOLE DU CIRQUE

Depuis longtemps[1], ta fille / ton fils veut aller à l'école du cirque. Tu discutes avec ta fille / ton fils.

- Tu demandes pourquoi ta fille / ton fils veut aller à l'école du cirque.
- Tu dis ce que[2] tu penses des disciplines du cirque. Pourquoi?

☹	☺

- Tu demandes quelle discipline ta fille / ton fils veut faire.
- Tu penses que le chemin est trop dangereux/loin …
- Tu dis à ta fille / ton fils qu'il faut quand même travailler pour l'école (mauvais/e en maths).

1 depuis longtemps: *seit langem* – 2 ce que: *was*

Deuxième partie: Monologue suivi – Parler d'une photo (1–2 min.)

CANDIDAT A

- Décris la photo.
- Qu'est-ce qu'ils ont fait il y a une heure?
- Qu'est-ce qu'ils vont faire dans une heure?

À plus! 2	Niveau A1+	nach Unité 3	PARTNERPRÜFUNG D

Deuxième partie: Monologue suivi – Parler d'une photo (1–2 min.)

CANDIDAT B

- Décris la photo.
- Qu'est-ce qu'ils ont fait il y a une heure?
- Qu'est-ce qu'ils vont faire dans une heure?

Première partie: Interaction orale – Jeu de rôle (7 min.)

A – CE N'EST PAS JUSTE!

Tu es un/e élève de la 4ᵉB. Tu parles de David avec ton copain / ta copine. David n'a pas d'amis dans sa classe: tous les élèves sont contre lui. Hier, on l'a même frappé pendant la récréation. Qu'est-ce qu'on pourrait faire?

- Vous parlez de David, de ses problèmes et de ses sentiments[1].
- Vous essayez de trouver une solution: tu fais des propositions[2] (parler avec David / les profs / les autres élèves …).
- Ton copain / Ta copine propose de lancer une action «ruban vert»: tu es pour. Et tu as encore d'autres idées …
- Tu proposes de parler d'abord à David.
- Demain, vous voulez parler de vos idées à vos camarades. Comment est-ce qu'ils vont réagir?

1 le sentiment: *das Gefühl* – 2 la proposition: *der Vorschlag*

✂- -

À plus! 2	Niveau A1+	nach Unité 6	PARTNERPRÜFUNG A

Première partie: Interaction orale – Jeu de rôle (7 min.)

B – CE N'EST PAS JUSTE!

Tu es un/e élève de la 4ᵉB. Tu parles de David avec ton copain / ta copine. David n'a pas d'amis dans sa classe: tous les élèves sont contre lui. Hier, on l'a même frappé pendant la récréation. Qu'est-ce qu'on pourrait faire?

- Vous parlez de David, de ses problèmes et de ses sentiments[1].
- Vous essayez de trouver une solution: ton copain / ta copine fait des propositions[2]. Tu donnes ton avis.
- Tu proposes de lancer une action «ruban vert». Tu expliques ce que c'est.
- Toi aussi, tu veux d'abord parler à David. Mais tu veux aussi parler aux élèves qui l'ont frappé.
- Demain, vous voulez parler de vos idées à vos camarades. Comment est-ce qu'ils vont réagir?

1 le sentiment: *das Gefühl* – 2 la proposition: *der Vorschlag*

Deuxième partie: Monologue suivi – Parler d'une photo (1–2 min.)

CANDIDAT A

- Décris la photo.
- Qu'est-ce qu'ils vont faire dans une heure?
- Imagine une petite histoire.

À plus! 2	Niveau A1+	nach Unité 6	PARTNERPRÜFUNG A

Deuxième partie: Monologue suivi – Parler d'une photo (1–2 min.)

CANDIDAT B

- Décris la photo.
- Qu'est-ce qu'ils ont fait il y a une heure?
- Qu'est-ce qu'ils vont faire après?

Première partie: Interaction orale – Jeu de rôle (7 min.)

A – LES VÊTEMENTS

Tu es chez ton/ta correspondant/e français/e. Un/e élève de sa classe t'a invité/e à une fête[1]. Tu aimes bien ce garçon / cette fille mais tu n'as pas de jolis vêtements pour la soirée. Alors, tu fais les magasins avec ton/ta correspondant/e.

- Vous parlez de la fête et du garçon / de la fille qui t'a invité/e.
- Dans un magasin, vous essayez beaucoup de vêtements. Mais vous n'êtes pas toujours d'accord. Discutez (prix, couleurs …).

☺			☹		
 blanc 12 €	 rouge 75 €	…	 noir 49 €	 gris 8 €	…

- Tu ne veux pas colorer tes cheveux. Tu dis pourquoi.
- Vous avez trouvé des vêtements que vous voulez acheter. Mais tu ne trouves plus ton porte-monnaie …

1 la fête: *die Party*

✂--

À plus! 2	Niveau A1+	nach Unité 6	PARTNERPRÜFUNG B

Première partie: Interaction orale – Jeu de rôle (7 min.)

B – LES VÊTEMENTS

Tu es un/e élève français/e. Ton/Ta correspondant/e allemand/e est chez toi. Un/e élève de ta classe l'a invité/e à une fête[1]. Il/Elle aime bien ce garçon / cette fille mais il/elle n'a pas de jolis vêtements pour la soirée. Alors, vous faites les magasins …

- Vous parlez de la fête et du garçon / de la fille qui l'a invité.
- Dans un magasin, vous essayez beaucoup de vêtements. Mais vous n'êtes pas toujours d'accord. Discutez (prix, couleurs …).

☺			☹		
 jaune 15 €	 rouge 75 €	…	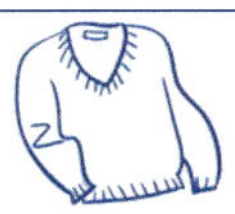 vert 29 €	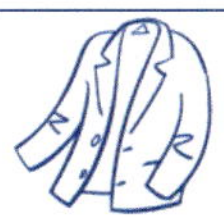 bleu 110 €	…

- Tu proposes à ton/ta correspondant/e de colorer ses cheveux.
- Vous avez trouvé des vêtements que vous voulez acheter. Mais ton/ta correspondant/e ne trouve plus son porte-monnaie …

1 la fête: *die Party*

Deuxième partie: Monologue suivi – Parler d'une photo (1–2 min.)

CANDIDAT A

- Qu'est-ce que tu vois sur la photo? C'est où?
- Qu'est-ce qu'on peut faire dans cette région?
- Imagine une petite histoire.

✂- -

À plus! 2	Niveau A1+	nach Unité 6	PARTNERPRÜFUNG B

Deuxième partie: Monologue suivi – Parler d'une photo (1–2 min.)

CANDIDAT B

- Qu'est-ce que tu vois sur la photo? C'est où?
- Qu'est-ce qu'ils font?
- Imagine une petite histoire.

À plus! 2	Niveau A1+	nach Unité 6	PARTNERPRÜFUNG C

Première partie: Interaction orale – Jeu de rôle (7 min.)

A – L'UNIFORME À L'ÉCOLE?

Tu es un/e élève français/e. Pendant le cours de français de M. Brun, vous avez discuté de la question «Que pensez-vous de l'uniforme à l'école?». Après l'école, vous discutez encore[1] …

1. Vous parlez de M. Brun et de son cours.
2. Discutez: tu es **contre les vêtements de marque et pour l'uniforme à l'école**.
   Tes arguments:
   - vêtements de marque: chers
   - vêtements de bonne qualité sans marques
   - l'uniforme à l'école: pratique / pas de pub
   - les vêtements / la mode: pas importants
   - la vie à l'école, ce n'est pas la vie privée[2]
   - …
3. Essayez de trouver un compromis.

1 encore *hier: immer noch* – 2 la vie privée: *das Privatleben*

✂ –

À plus! 2	Niveau A1+	nach Unité 6	PARTNERPRÜFUNG C

Première partie: Interaction orale – Jeu de rôle (7 min.)

B – L'UNIFORME À L'ÉCOLE?

Tu es un/e élève français/e. Pendant le cours de français de M. Brun, vous avez discuté de la question «Que pensez-vous de l'uniforme à l'école?». Après l'école, vous discutez encore[1] …

1. Vous parlez de M. Brun et de son cours.
2. Discutez: tu es **contre l'uniforme à l'école**. Tu as beaucoup d'argent de poche et tu achètes souvent des vêtements de marque. Tes arguments:
   - vêtements de marque: meilleure qualité (tu donnes des exemples)
   - tu veux choisir[2] tes vêtements
   - l'uniforme à l'école: triste
   - les copains rigolent quand on ne porte pas la bonne marque
   - la mode, c'est la réalité
   - …
3. Essayez de trouver un compromis.

1 encore *hier: immer noch* – 2 choisir: *(aus)wählen*

Deuxième partie: Monologue suivi – Parler d'une photo (1–2 min.)

CANDIDAT A

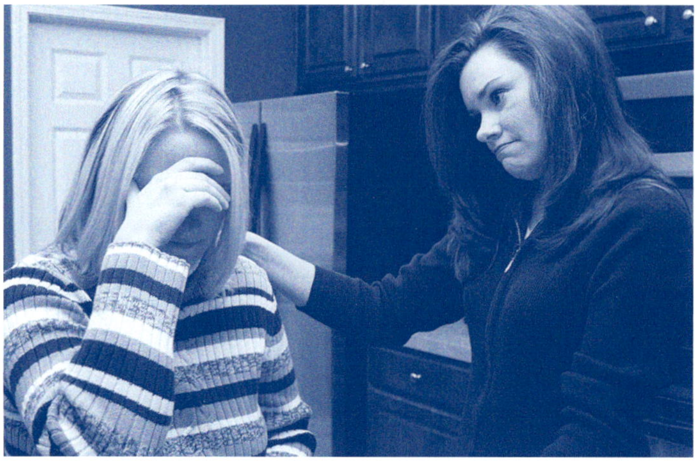

- Qu'est-ce que tu vois sur la photo?
- Qu'est-ce qu'elles vont faire dans une heure?
- Imagine une petite histoire.

À plus! 2	Niveau A1+	nach Unité 6	PARTNERPRÜFUNG C

Deuxième partie: Monologue suivi – Parler d'une photo (1–2 min.)

CANDIDAT B

- Qu'est-ce que tu vois sur la photo?
- Qu'est-ce qu'ils vont faire dans une heure?
- Imagine une petite histoire.

À plus! 2	Niveau A1+	nach Unité 6	PARTNERPRÜFUNG D

Première partie: Interaction orale – Jeu de rôle (7 min.)

A – LA MARÉE NOIRE

Tu passes les vacances avec tes parents chez la famille de ton/ta correspondant/e en Bretagne. C'est la catastrophe: il y a une marée noire parce qu'un bateau a perdu tout son pétrole! Tu es à la plage et tu discutes avec ton/ta correspondant/e de la marée noire.

- Vous vous sentez concernés/-ées par la catastrophe et vous parlez de la marée noire.
- Tu veux aider et tu demandes à ton/ta correspondant/e ce qu'[1]on peut faire.
- Tu demandes si on peut aider les oiseaux.
- Vous parlez des gens qui aident.
- Vous réfléchissez: qu'est-ce qu'on pourrait faire pour éviter[2] ces catastrophes?

1 ce que: *was* – 2 éviter: *vermeiden*

✂- -

À plus! 2	Niveau A1+	nach Unité 6	PARTNERPRÜFUNG D

Première partie: Interaction orale – Jeu de rôle (7 min.)

B – LA MARÉE NOIRE

Tu habites avec ta famille en Bretagne. Ton/Ta correspondant/e et ses parents passent leurs vacances chez vous. C'est la catastrophe: il y a une marée noire parce qu'un bateau a perdu tout son pétrole! Tu es à la plage et tu discutes avec ton/ta correspondant/e de la marée noire.

- Vous vous sentez concernés/-ées par la catastrophe et vous parlez de la marée noire.
- Tu proposes à ton/ta correspondant/e ce qu'[1]il/elle peut faire. Mais tu expliques aussi que le pétrole est dangereux.
- Tu expliques ce qu'on peut faire pour aider les oiseaux.
- Vous parlez des gens qui aident.
- Vous réfléchissez: qu'est-ce qu'on pourrait faire pour éviter[2] ces catastrophes?

1 ce que: *was* – 2 éviter: *vermeiden*

Deuxième partie: Monologue suivi – Parler d'une photo (1–2 min.)

CANDIDAT A

- Décris la photo.
- Où sont-ils et que font-ils?
- Imagine une petite histoire.

À plus! 2	Niveau A1+	nach Unité 6	PARTNERPRÜFUNG D

Deuxième partie: Monologue suivi – Parler d'une photo (1–2 min.)

CANDIDAT B

- Qu'est-ce que tu vois sur la photo?
- Qu'est-ce qu'elle fait?
- Qu'est-ce qu'elle va faire dans une heure?

Première partie: Interaction orale – Jeu de rôle (5–6 min.)

A – NOËL … LE TEMPS DU PLAISIR OU DE LA CRISE?

C'est la période de Noël[1]. Tu es un/e élève allemand/e. Tu téléphones à ton copain / ta copine en France.

- Tu racontes comment on fête Noël en Allemagne et chez toi. Vous comparez.
- Tu expliques pourquoi tu n'as pas envie de passer les fêtes en famille (on mange trop, l'ambiance en famille, sans tes amis …).
- Tu parles des cadeaux que tu vas offrir à tes copains. Tu donnes des conseils[2] à ton copain / ta copine.
- À la fin, vous parlez de votre prochaine rencontre[3] (Quand? Où? …).

1 la période de Noël: *die Weihnachtszeit* – 2 le conseil: *der Rat(schlag)* – 3 la rencontre: *das Zusammentreffen*

✂– –

À plus! 3	Niveau A2	nach Unité 3	PARTNERPRÜFUNG A

Première partie: Interaction orale – Jeu de rôle (5–6 min.)

B – NOËL … LE TEMPS DU PLAISIR OU DE LA CRISE?

C'est la période de Noël[1]. Tu es un/e élève français/e. Ton copain / Ta copine allemand/e te téléphone.

- Tu racontes comment on fête Noël en France. Vous comparez.
- Tu adores passer Noël en famille. Tu expliques pourquoi. Puis, tu donnes des conseils[2] à ton copain / ta copine.
- Tu as un problème: tu n'as pas encore trouvé de cadeau pour un de tes copains. Tu décris cette personne.
- À la fin, vous parlez de votre prochaine rencontre[3] (Quand? Où? …).

1 la période de Noël: *die Weihnachtszeit* – 2 le conseil: *der Rat(schlag)* – 3 la rencontre: *das Zusammentreffen*

Deuxième partie: Monologue suivi – Parler d'une photo (2–3 min.)

CANDIDAT A

- Décris la photo.
- Imagine la vie de cette fille (nom, âge, famille, loisirs ...).
- Imagine ce qu'[1]elle a fait ce matin.

1 ce que: *was*

✂- -

À plus! 3	Niveau A2	nach Unité 3	PARTNERPRÜFUNG A

Deuxième partie: Monologue suivi – Parler d'une photo (2–3 min.)

CANDIDAT B

- Décris la photo.
- Imagine la vie de ce garçon (nom, âge, famille, loisirs ...).
- Imagine pourquoi il est de bonne humeur[1].

1 être de bonne humeur: *gute Laune haben, gut gelaunt sein*

À plus! 3	Niveau A2	nach Unité 3	PARTNERPRÜFUNG B

Première partie: Interaction orale – Jeu de rôle (5–6 min.)

A – LES CORRESPONDANTS

Demain, ton/ta correspondant/e français/e va arriver chez toi. Tu lui téléphones.

- Ta mère veut savoir ce qu'[1]elle doit préparer pour le dîner demain soir. Tu racontes ce que vous mangez normalement le soir. Vous comparez le dîner en France et en Allemagne.
- Ton/Ta correspondant/e est triste: tu lui demandes pourquoi. Tu lui donnes des conseils[2].
- Toi aussi, tu as un problème: tu t'es disputé/e avec ton père. Tu expliques pourquoi (mauvaises notes …).
- À la fin, vous parlez de demain: ton/ta correspondant/e arrive à dix heures. Vous parlez du programme de la journée.

1 ce que: *was* – 2 le conseil: *der Rat(schlag)*

✂– –

À plus! 3	Niveau A2	nach Unité 3	PARTNERPRÜFUNG B

Première partie: Interaction orale – Jeu de rôle (5–6 min.)

B – LES CORRESPONDANTS

Tu es un/e élève français/e. Demain, tu vas aller chez ton/ta correspondant/e en Allemagne. Il/Elle te téléphone.

- Tu racontes ce que[1] vous mangez normalement le soir en France. Vous comparez le dîner en France et en Allemagne.
- Tu es triste parce que tu t'es disputé/e avec ton copain / ta copine aujourd'hui. Tu racontes.
- Ton/Ta correspondant/e est un peu triste aussi et explique pourquoi. Tu lui donnes des conseils[2].
- À la fin, vous parlez de demain: tu arrives à dix heures. Vous parlez du programme de la journée.

1 ce que: *was* – 2 le conseil: *der Rat(schlag)*

À plus! 3	Niveau A2	nach Unité 3	PARTNERPRÜFUNG B

Deuxième partie: Monologue suivi – Parler d'une photo (2–3 min.)

CANDIDAT A

- Décris la photo.
- Imagine la vie de ce garçon (nom, âge, famille, loisirs ...).
- Imagine quels sont ses rêves.

✂- -

À plus! 3	Niveau A2	nach Unité 3	PARTNERPRÜFUNG B

Deuxième partie: Monologue suivi – Parler d'une photo (2–3 min.)

CANDIDAT B

- Décris la photo.
- Imagine la vie d'une de ces deux filles (nom, âge, famille, loisirs ...).
- Imagine ce qui[1] va se passer dans une heure.

1 ce qui: *was*

Première partie: Interaction orale – Jeu de rôle (5–6 min.)

A – LA FUITE: UNE SOLUTION?

Ton copain / Ta copine te téléphone. Il/Elle est déprimé/e et ne veut plus rester dans sa famille.

- Ton copain / Ta copine explique son problème. Tu lui poses des questions.
- Vous discutez: pourquoi est-ce que la fuite n'est pas une solution? Qu'est-ce que ton copain / ta copine peut faire pour changer sa situation? Tu lui donnes des conseils[1] (parler avec sa famille, leur expliquer les problèmes …) et tu le/la consoles[2].
- Tu veux aider ton copain / ta copine: tu proposes un rendez-vous et des choses que vous pouvez faire (cinéma, sport, café …).
- Vous vous donnez rendez-vous[3] (Quand? Où?).

1 le conseil: *der Rat(schlag)* – 2 consoler qn: *jdn trösten* – 3 se donner rendez-vous: *sich verabreden*

✂- -

À plus! 3	Niveau A2	nach Unité 3	PARTNERPRÜFUNG C

Première partie: Interaction orale – Jeu de rôle (5–6 min.)

B – LA FUITE: UNE SOLUTION?

Tu téléphones à ton copain / ta copine.

- Tu expliques pourquoi tu es déprimé/e (mauvaises notes, parents sévères et fâchés …; tes parents gâtent ton petit frère / ta petite sœur; personne ne[1] te comprend, personne ne s'intéresse à toi …). Tu dis que tu ne veux plus rester dans ta famille.
- Vous discutez: pourquoi est-ce que la fuite n'est pas une solution? (penser aux parents, aux frères et sœurs; les conséquences pour la vie …) Qu'est-ce que tu peux faire pour changer ta situation?
- Ton copain / Ta copine propose un rendez-vous. Tu donnes ton avis.
- Vous vous donnez rendez-vous[2] (Quand? Où?).

1 personne ne: *niemand* – 2 se donner rendez-vous: *sich verabreden*

À plus! 3	Niveau A2	nach Unité 3	PARTNERPRÜFUNG C

Deuxième partie: Monologue suivi – Parler d'une photo (2–3 min.)

CANDIDAT A

- Décris la photo.
- Imagine la vie de cette fille (nom, âge, famille, loisirs …).
- Imagine qu'elle a un problème. Décris son problème et trouve une solution.

À plus! 3	Niveau A2	nach Unité 3	PARTNERPRÜFUNG C

Deuxième partie: Monologue suivi – Parler d'une photo (2–3 min.)

CANDIDAT B

- Décris la photo.
- Imagine la vie d'une de ces personnes (nom, âge, famille, loisirs …).
- Mets-toi à la place de cette personne et imagine ce qu'[1]elle va faire dans quelques minutes.

1 ce que: *was*

Première partie: Interaction orale – Jeu de rôle (5–6 min.)

A – DES TUYAUX

Tu es un/e élève allemand/e. Ton/Ta correspondant/e français/e te téléphone. Il/Elle ne connaît pas encore ta ville / ta région.

- Ton/Ta correspondant/e pose des questions. Tu lui donnes des informations (les endroits qu'on peut visiter; culture, sport ...).
- Tu poses des questions sur le voyage de ton/ta correspondant/e (Qui? Quand? Pourquoi? ...).
- Tu as une idée: ton/ta correspondant/e peut dormir chez toi.
- Tu proposes de vous donner rendez-vous pendant le voyage.
- Tu proposes une heure et un endroit pour un rendez-vous.

✂– –

À plus! 3	Niveau A2	nach Unité 3	PARTNERPRÜFUNG D

Première partie: Interaction orale – Jeu de rôle (5–6 min.)

B – DES TUYAUX

Tu es un/e élève française/e. Tu téléphones à ton/ta correspondant/e allemand/e. Tu ne connais pas encore sa ville / sa région.

- Avec ton club de sport, tu vas bientôt passer huit jours en Allemagne. Tu poses des questions sur la ville / la région de ton/ta correspondant/e (les endroits qu'on peut visiter; culture, sport ...).
- Tu réponds aux questions de ton/ta correspondant/e (votre problème: le club n'a pas beaucoup d'argent).
- Tu expliques pourquoi tu ne peux pas dormir chez lui/elle (auberge de jeunesse[1]).
- Ton/Ta correspondant/e a une idée. Tu réagis (bonne idée, mais d'abord: connaître le programme du voyage).
- Ton/Ta correspondant/e propose un rendez-vous. Tu n'es pas d'accord: tu dois d'abord parler avec les autres ... Tu dis que tu vas lui téléphoner encore une fois.

1 l'auberge de jeunesse *f.*: *die Jugendherberge*

À plus! 3	Niveau A2	nach Unité 3	PARTNERPRÜFUNG D

Deuxième partie: Monologue suivi – Parler d'une photo (2–3 min.)

CANDIDAT A

- Décris la photo.
- Imagine la vie de cette fille (nom, âge, famille, loisirs …).
- Imagine qu'elle a un problème. Décris son problème et trouve une solution.

✂- -

À plus! 3	Niveau A2	nach Unité 3	PARTNERPRÜFUNG D

Deuxième partie: Monologue suivi – Parler d'une photo (2–3 min.)

CANDIDAT B

- Décris la photo.
- Pourquoi est-ce que ces personnes sont là?
- Choisis une de ces personnes. Qu'est-ce qu'elle a fait hier?

Première partie: Interaction orale – Discussion (5–6 min.)

A – VACANCES AU QUÉBEC

Toi et ton copain / ta copine, vous avez gagné un voyage de 15 jours au Québec. Vous pouvez choisir entre deux destinations[1] mais vous n'êtes pas d'accord.

- Tu dis que tu préfères passer les 15 jours dans une famille francophone à Montréal.
- Vous discutez. Tu expliques pourquoi tu veux aller à Montréal. Tu donnes des arguments (ville intéressante, langue, culture ...).
- Essayez de trouver une solution.

1 la destination *hier: das Reiseziel*

✂– –

À plus! 3	Niveau A2	nach Unité 6	PARTNERPRÜFUNG A

Première partie: Interaction orale – Discussion (5–6 min.)

B – VACANCES AU QUÉBEC

Toi et ton copain / ta copine, vous avez gagné un voyage de 15 jours au Québec. Vous pouvez choisir entre deux destinations[1] mais vous n'êtes pas d'accord.

- Tu dis que tu préfères passer les 15 jours dans un camp de vacances en Gaspésie.
- Vous discutez. Tu expliques pourquoi tu veux aller en Gaspésie. Tu donnes des arguments (faire du sport, l'ambiance du camp, les paysages ...).
- Essayez de trouver une solution.

1 la destination *hier: das Reiseziel*

À plus! 3	Niveau A2	nach Unité 6	PARTNERPRÜFUNG A

Deuxième partie: Monologue suivi (2–3 min.)

CANDIDAT A

- Parle de ton livre préféré (l'auteur, le thème, l'histoire, les personnages ...).
- Pourquoi est-ce que tu aimes ce livre?
- Est-ce que tes copains/copines aiment aussi ce livre?

✂- -

À plus! 3	Niveau A2	nach Unité 6	PARTNERPRÜFUNG A

Deuxième partie: Monologue suivi (2–3 min.)

CANDIDAT B

- Parle d'un film / d'une émission à la télé que tu aimes (le titre, les personnages ...).
- Pourquoi est-ce que tu aimes ce film / cette émission?
- Est-ce que tes copains/copines aiment aussi ce film / cette émission?

Première partie: Interaction orale – Discussion (5–6 min.)

A – LA RENCONTRE FRANCO-ALLEMANDE

Tu es un/e élève allemand/e et délégué/e de classe. Tu dois organiser le programme de la rencontre[1] franco-allemande avec le/la délégué/e de classe des élèves français. Vous parlez au téléphone et discutez du programme et de l'endroit où vous allez vous rencontrer.

- Le groupe allemand veut faire beaucoup de sport et d'excursions.
- Tu proposes ce qu'on pourrait faire et où on pourrait aller (à la campagne?).
- Tu donnes des arguments (faire des choses ensemble, connaître la région, rôle important du sport ...).
- Mettez-vous d'accord sur le programme et l'endroit de la rencontre.

1 la rencontre: *die Begegnung / das Zusammentreffen*

✂- -

À plus! 3	Niveau A2	nach Unité 6	PARTNERPRÜFUNG B

Première partie: Interaction orale – Discussion (5–6 min.)

B – LA RENCONTRE FRANCO-ALLEMANDE

Tu es un/e élève français/e et délégué/e de classe. Tu dois organiser le programme de la rencontre[1] franco-allemande avec le/la délégué/e de classe des élèves allemands. Vous parlez au téléphone et discutez du programme et de l'endroit où vous allez vous rencontrer.

- Le groupe français veut faire beaucoup d'activités culturelles.
- Tu proposes ce qu'on pourrait faire et où on pourrait aller (dans une grande ville?).
- Tu donnes des arguments (théâtre, cinéma, musée ...).
- Mettez-vous d'accord sur le programme et l'endroit de la rencontre.

1 la rencontre: *die Begegnung / das Zusammentreffen*

Deuxième partie: Monologue suivi (2–3 min.)

CANDIDAT A

- Décris ta chambre.
- Qu'est-ce que tu aimes faire dans ta chambre? Qu'est-ce que tu n'aimes pas y faire?
- Qu'est-ce que tu voudrais[1] changer et pourquoi?

1 tu voudrais: *du würdest gerne*

✂- -

À plus! 3	Niveau A2	nach Unité 6	PARTNERPRÜFUNG B

Deuxième partie: Monologue suivi (2–3 min.)

CANDIDAT B

- Parle de ton/ta meilleur/e ami/e (nom, âge, famille, hobbies …).
- Pourquoi est-ce que tu l'aimes bien?
- Qu'est-ce que vous faites ensemble?

Première partie: Interaction orale – Discussion (5–6 min.)

A – CHANGER L'EMPLOI DU TEMPS?

Avoir cours le matin et l'après-midi **ou** avoir cours seulement le matin?
Tu discutes avec un/e autre élève de l'emploi du temps.

- Tu dis que tu préfères avoir cours le matin et l'après-midi.
- Tu donnes des arguments (manger à la cantine, faire les devoirs à l'école, activités sportives et culturelles à l'école, comme en France …).
- Résumez votre discussion: faudrait-il[1] changer votre emploi du temps actuel? Si oui, comment? Si non, pourquoi?

1 faudrait-il …?: *müsste man …?*

✂- -

À plus! 3	Niveau A2	nach Unité 6	PARTNERPRÜFUNG C

Première partie: Interaction orale – Discussion (5–6 min.)

B – CHANGER L'EMPLOI DU TEMPS?

Avoir cours le matin et l'après-midi **ou** avoir cours seulement le matin?
Tu discutes avec un/e autre élève de l'emploi du temps.

- Tu dis que tu préfères avoir cours seulement le matin.
- Tu donnes des arguments (famille, amis, faire les devoirs à la maison, club de sport …).
- Résumez votre discussion: faudrait-il[1] changer votre emploi du temps actuel? Si oui, comment? Si non, pourquoi?

1 faudrait-il …?: *müsste man …?*

À plus! 3	Niveau A2	nach Unité 6	PARTNERPRÜFUNG C

Deuxième partie: Monologue suivi (2–3 min.)

CANDIDAT A

- Parle de tes amis.
- Quels sont vos souvenirs les plus beaux?

✂- -

À plus! 3	Niveau A2	nach Unité 6	PARTNERPRÜFUNG C

Deuxième partie: Monologue suivi (2–3 min.)

CANDIDAT B

- Quelles ont été tes meilleures/pires vacances?
- Comment est-ce que tu les as passées? Raconte.

Première partie: Interaction orale – Discussion (5–6 min.)

A – PARLONS MÉDIAS

Votre professeur vous a demandé de choisir un livre ou un film qu'on pourrait lire/voir pendant les prochains cours. Tu discutes avec un/e autre élève.

- Tu veux qu'on prenne ton livre préféré. Tu ne veux pas voir de film.
- Tu parles de ton livre préféré (l'auteur, le thème, l'histoire, les personnages ...).
- Pourquoi est-ce que ce livre serait[1] intéressant pour tous les élèves de ta classe? Explique.
- Trouvez un compromis[2].

1 serait: *wäre* – 2 trouver un compromis: *einen Kompromiss finden*

✂- -

À plus! 3	Niveau A2	nach Unité 6	PARTNERPRÜFUNG D

Première partie: Interaction orale – Discussion (5–6 min.)

B – PARLONS MÉDIAS

Votre professeur vous a demandé de choisir un livre ou un film qu'on pourrait lire/voir pendant les prochains cours. Tu discutes avec un/e autre élève.

- Tu veux qu'on prenne ton film préféré. Tu ne veux pas lire de livre.
- Tu parles de ton film préféré (le titre, le thème, l'histoire, les personnages ...).
- Pourquoi est-ce que ce film serait[1] intéressant pour tous les élèves de ta classe? Explique.
- Trouvez un compromis[2].

1 serait: *wäre* – 2 trouver un compromis: einen *Kompromiss finden*

À plus! 3	Niveau A2	nach Unité 6	PARTNERPRÜFUNG D

Deuxième partie: Monologue suivi (2–3 min.)

CANDIDAT A

- Qu'est-ce que tu fais normalement le week-end? Raconte.
- Qu'est-ce que tu aimes / n'aimes pas faire le week-end? Pourquoi?

✂---

À plus! 3	Niveau A2	nach Unité 6	PARTNERPRÜFUNG D

Deuxième partie: Monologue suivi (2–3 min.)

CANDIDAT B

- Est-ce que tu voudrais[1] vivre dans un autre pays ou dans une autre ville/région? Pourquoi?
- Si oui, où est-ce que tu voudrais vivre?

1 tu voudrais: *du würdest gerne*

À plus!4	Niveau A2+	nach Dossier 1	PARTNERPRÜFUNG A

Première partie: Interaction orale – Jeu de rôle (6–7 min.)

A – ÊTRE TUTEUR/TUTRICE?

Dans ton école, on vient d'introduire[1] un système de tutorat. Un professeur t'a demandé d'être tuteur/tutrice.
Tu es absolument contre. Tu en discutes avec ton copain / ta copine.

- Tu expliques pourquoi tu ne veux pas travailler avec des élèves plus jeunes (le temps, les copains, le sport, la famille ...).
- Tu expliques pourquoi tu n'as pas le temps.
- Tu trouves d'autres arguments.
- Faites un résumé de votre discussion: es-tu toujours du même avis? Avez-vous trouvé un compromis?

1 introduire: *einführen*

✂- -

À plus!4	Niveau A2+	nach Dossier 1	PARTNERPRÜFUNG A

Première partie: Interaction orale – Jeu de rôle (6–7 min.)

B – ÊTRE TUTEUR/TUTRICE?

Dans ton école, on vient d'introduire[1] un système de tutorat. Un professeur t'a demandé d'être tuteur/tutrice.
Tu es absolument pour. Tu en discutes avec ton copain / ta copine.

- Tu expliques pourquoi c'est important d'aider les élèves plus jeunes (faire des progrès, expliquer, comprendre l'autre ...).
- Tu expliques pourquoi tu penses que ce serait sympa d'être tuteur/tutrice. Tu expliques pourquoi tu voudrais participer à l'opération de tutorat avec ton copain / ta copine.
- Tu trouves d'autres arguments.
- Faites un résumé de votre discussion: es-tu toujours du même avis? Avez-vous trouvé un compromis?

1 introduire: *einführen*

Deuxième partie: Monologue suivi (2–3 min.)

CANDIDAT A

Le portable: quel rôle est-ce qu'il joue dans ta vie?
Explique.

✂- -

À plus!4	Niveau A2+	nach Dossier 1	PARTNERPRÜFUNG A

Deuxième partie: Monologue suivi (2–3 min.)

CANDIDAT B

L'ordinateur: quel rôle est-ce qu'il joue dans ta vie?
Explique.

À plus!4	Niveau A2+	nach Dossier 1	PARTNERPRÜFUNG B

Première partie: Interaction orale – Jeu de rôle (6–7 min.)

A – COMMENT CHANGER UNE SITUATION DE MOBBING?

Dans ta classe, tout le monde se moque d'un/e élève. Tu en discutes avec ton copain / ta copine qui est dans une autre classe.

- Tu racontes ce qui se passe dans votre classe.
- Tu expliques pourquoi tu penses que la situation ne changera pas (on se compare tout le temps, c'est la société / la nature humaine ...).
- Ton copain / Ta copine dit comment on pourrait changer la situation. Discutez.
- Tu dis ce que tu vas faire.

✂- -

À plus!4	Niveau A2+	nach Dossier 1	PARTNERPRÜFUNG B

Première partie: Interaction orale – Jeu de rôle (6–7 min.)

B – COMMENT CHANGER UNE SITUATION DE MOBBING?

Dans la classe de ton copain / ta copine, tout le monde se moque d'un/e élève. Vous en discutez.

- Tu demandes ce qui se passe exactement. Tu poses des questions.
- Tu expliques pourquoi tu penses qu'on peut changer la situation.
- Tu dis comment on pourrait changer la situation (parler aux autres / au prof, faire du sport ensemble ...). Discutez.
- Tu encourages[1] ton copain / ta copine.

1 encourager qn: *jdn ermutigen*

Deuxième partie: Monologue suivi (2–3 min.)

CANDIDAT A

Porter des vêtements de marque, est-ce que c'est important pour toi?
Explique pourquoi.

✂- -

À plus!4	Niveau A2+	nach Dossier 1	PARTNERPRÜFUNG B

Deuxième partie: Monologue suivi (2–3 min.)

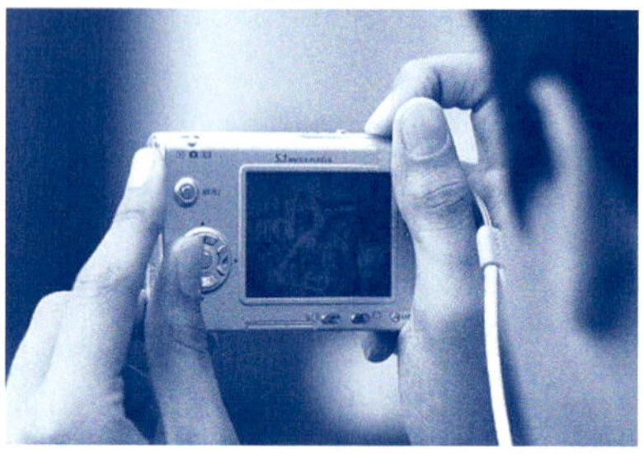

CANDIDAT B

Photographier, est-ce que c'est important pour toi?
Explique pourquoi.

Première partie: Interaction orale – Jeu de rôle (6–7 min.)

A – POUR OU CONTRE «STAR ACADEMY»?

Tu es fan des émissions comme «Star Academy». Tu en discutes avec ton copain / ta copine.

- Tu expliques pourquoi tu aimes bien les émissions comme «Star Academy».
- Tu expliques pourquoi tu ne veux pas seulement regarder des émissions «sérieuses» à la télé.
- Tu expliques pourquoi beaucoup de gens aiment ces émissions.
- Tu donnes d'autres arguments pour ces émissions.
- Essayez de trouver un compromis.

✂– –

À plus !4	Niveau A2+	nach Dossier 1	PARTNERPRÜFUNG C

Première partie: Interaction orale – Jeu de rôle (6–7 min.)

B – POUR OU CONTRE «STAR ACADEMY»?

Tu es absolument contre les émissions comme «Star Academy». Tu en discutes avec ton copain / ta copine.

- Tu expliques pourquoi tu n'aimes pas les émissions comme «Star Academy».
- Tu expliques pourquoi tu préfères des émissions plus «sérieuses».
- Tu expliques pourquoi beaucoup de gens critiquent ces émissions.
- Tu donnes d'autres arguments pour ces émissions.
- Essayez de trouver un compromis.

Deuxième partie: Monologue suivi (2–3 min.)

CANDIDAT A

Les livres: quel rôle est-ce qu'ils jouent dans ta vie?
Explique.

✂- -

À plus!4	Niveau A2+	nach Dossier 1	PARTNERPRÜFUNG D

Deuxième partie: Monologue suivi (2–3 min.)

CANDIDAT B

Les amis: quel rôle est-ce qu'ils jouent dans ta vie?
Explique.

Première partie: Interaction orale – Discussion (6–7 min.)

A – PASSER TROIS MOIS EN FRANCE?

En classe, vous avez eu des informations sur le programme Voltaire et les profs vous encouragent à y participer. Tu vois surtout les aspects négatifs d'un séjour en France. Par contre, ton copain / ta copine est très enthousiaste. Vous discutez.

le mal du pays – l'école – être triste – les copains – […] est différent/e – la famille – la peur – …

Faites un résumé de votre discussion: avez-vous trouvé un compromis? Avez-vous changé d'avis?

✂ -

À plus ! 4	Niveau A2+	nach Dossier 4	PARTNERPRÜFUNG A

Première partie: Interaction orale – Discussion (6–7 min.)

B – PASSER TROIS MOIS EN FRANCE?

En classe, vous avez eu des informations sur le programme Voltaire et les profs vous encouragent à y participer. Mais ton copain / ta copine voit surtout les aspects négatifs d'un séjour en France. Vous discutez.

bonne expérience pour la vie – se débrouiller – avoir les mêmes goûts en … – être ouvert/e – la langue – faire la connaissance de … – être fier/fière – …

Faites un résumé de votre discussion: avez-vous trouvé un compromis? Avez-vous changé d'avis?

Deuxième partie: Monologue suivi (2–3 min.)

CANDIDAT A

Décris l'image et imagine une histoire.

✂- -

À plus!4	Niveau A2+	nach Dossier 4	PARTNERPRÜFUNG A

Deuxième partie: Monologue suivi (2–3 min.)

CANDIDAT B

Décris l'image et imagine une histoire.

À plus! 4	Niveau A2+	nach Dossier 4	PARTNERPRÜFUNG B

Première partie: Interaction orale – Discussion (6–7 min.)

A – LES JEUNES EN BANLIEUE

Tu es un/e jeune qui est né/e en banlieue. Tu es devenu/e célèbre grâce à «Star Academy». Tu es convaincu/e que la vie des stars comme Zinédine Zidane, Amel Bent et Mohamed Dia peut encourager les jeunes à donner un sens à leur vie.

- Tu discutes avec une personne qui travaille avec des jeunes en banlieue: Tu parles de ta vie (famille nombreuse, pauvre, situation difficile; succès à la télé …).
- Tu parles de ce que tu trouves impressionnant dans la vie de Zidane / Amel Bent / Mohamed Dia …

travailler beaucoup – devenir riche et célèbre – avoir de l'espoir – le rôle du sport / de la musique / de l'art – s'identifier aux stars – …

- Faites un résumé de votre discussion: avez-vous trouvé un compromis? Avez-vous changé d'avis?

✂ –

À plus! 4	Niveau A2+	nach Dossier 4	PARTNERPRÜFUNG B

Première partie: Interaction orale – Discussion (6–7 min.)

B – LES JEUNES EN BANLIEUE

Tu travailles avec des jeunes en banlieue et tu vois tous les jours leurs problèmes. Tu ne crois pas que la vie de quelques stars comme Zinédine Zidane, Amel Bent et Mohamed Dia peut encourager les jeunes à donner un sens à leur vie … À ton avis, il faut trouver un sens dans la réalité.

- Tu discutes avec une star de «Star Academy» qui vient de banlieue: Tu décris les problèmes des jeunes vivant en banlieue.

le chômage – les H.L.M. – le racisme – la violence – devenir une star: une chance pour peu de gens – …

- Faites un résumé de votre discussion: avez-vous trouvé un compromis? Avez-vous changé d'avis?

Deuxième partie: Monologue suivi (2–3 min.)

CANDIDAT A

Décris l'image et imagine une histoire.

✂ -

À plus!4	Niveau A2+	nach Dossier 4	PARTNERPRÜFUNG B

Deuxième partie: Monologue suivi (2–3 min.)

CANDIDAT B

Décris l'image et imagine une histoire.

À plus! 4	Niveau A2+	nach Dossier 4	PARTNERPRÜFUNG C

Première partie: Interaction orale – Discussion (6–7 min.)

A – OÙ VOYAGER?

Votre club-photo organise un voyage de dix jours dans un pays francophone. Il y a deux destinations[1] possibles: Marseille ou le Maroc.
Tu veux absolument aller au Maroc. Ton copain / Ta copine préfère aller à Marseille. Vous discutez.

un pays intéressant – les monuments historiques – les plages – la culture arabe – la culture berbère – les conteurs – les charmeurs de serpents – le thé – le souk – les mosquées – l'Afrique du Nord – …

Faites un résumé de votre discussion: avez-vous changé d'avis? Y a-t-il quelqu'un qui a convaincu l'autre?

1 la destination *hier: das Reiseziel*

À plus! 4	Niveau A2+	nach Dossier 4	PARTNERPRÜFUNG C

Première partie: Interaction orale – Discussion (6–7 min.)

B – OÙ VOYAGER?

Votre club-photo organise un voyage de dix jours dans un pays francophone. Il y a deux destinations[1] possibles: Marseille ou le Maroc.
Tu veux absolument aller à Marseille. Ton copain / Ta copine préfère aller au Maroc. Vous discutez.

une ville intéressante – la vie culturelle – une ville de jeunes – une ville multiculturelle – des excursions en Provence – la mer – le foot – les calanques – le port – distances plus courtes à Marseille – trop peu de temps pour un voyage au Maroc – …

Faites un résumé de votre discussion: avez-vous changé d'avis? Y a-t-il quelqu'un qui a convaincu l'autre?

1 la destination *hier: das Reiseziel*

Deuxième partie: Monologue suivi (3–4 min.)

CANDIDAT A

«Mon voyage de rêve»

Expose tes idées.

À plus! 5	Niveau B1	nach Dossier 2	PARTNERPRÜFUNG A

Deuxième partie: Monologue suivi (3–4 min.)

CANDIDAT B

«Vivre en 2025»

Expose tes idées.

Première partie: Interaction orale – Discussion (6–7 min.)

A – OÙ VOYAGER?

Votre club-photo organise un voyage de dix jours dans un pays francophone. Il y a deux destinations[1] possibles: Marseille ou le Maroc.
Tu veux absolument aller au Maroc. Ton copain / Ta copine préfère aller à Marseille. Vous discutez.

un pays intéressant – les monuments historiques – les plages – la culture arabe – la culture berbère – les conteurs – les charmeurs de serpents – le thé – le souk – les mosquées – l'Afrique du Nord – …

Faites un résumé de votre discussion: avez-vous changé d'avis? Y a-t-il quelqu'un qui a convaincu l'autre?

1 la destination *hier: das Reiseziel*

✂– –

À plus!4	Niveau A2+	nach Dossier 4	PARTNERPRÜFUNG C

Première partie: Interaction orale – Discussion (6–7 min.)

B – OÙ VOYAGER?

Votre club-photo organise un voyage de dix jours dans un pays francophone. Il y a deux destinations[1] possibles: Marseille ou le Maroc.
Tu veux absolument aller à Marseille. Ton copain / Ta copine préfère aller au Maroc. Vous discutez.

une ville intéressante – la vie culturelle – une ville de jeunes – une ville multiculturelle – des excursions en Provence – la mer – le foot – les calanques – le port – distances plus courtes à Marseille – trop peu de temps pour un voyage au Maroc – …

Faites un résumé de votre discussion: avez-vous changé d'avis? Y a-t-il quelqu'un qui a convaincu l'autre?

1 la destination *hier: das Reiseziel*

À plus !4	Niveau A2+	nach Dossier 4	PARTNERPRÜFUNG C

Deuxième partie: Monologue suivi (2–3 min.)

CANDIDAT A

Décris l'image et imagine une histoire.

✂- -

À plus !4	Niveau A2+	nach Dossier 4	PARTNERPRÜFUNG C

Deuxième partie: Monologue suivi (2–3 min.)

CANDIDAT B

Décris l'image et imagine une histoire.

À plus!4	Niveau A2+	nach Dossier 4	PARTNERPRÜFUNG D

Première partie: Interaction orale – Discussion (6–7 min.)

A – LE SPORT OU LA CULTURE?

Tu es tuteur/tutrice dans un collège où il y a des problèmes de mobbing. Avec les autres tuteurs/tutrices et les profs, vous avez décidé d'organiser des activités l'après-midi.
Tu veux organiser des activités sportives. Un/e autre tuteur/tutrice préfère organiser des activités culturelles. Vous discutez.

beaucoup de possibilités: le foot, le handball, le volley, courir ensemble … – faire partie d'une équipe – organiser des rencontres avec d'autres collèges – bouger – être fier/fière – le sport: une langue universelle – …

Faites un résumé de votre discussion: avez-vous changé d'avis? Y a-t-il quelqu'un qui a convaincu l'autre?

✂– –

À plus!4	Niveau A2+	nach Dossier 4	PARTNERPRÜFUNG D

Première partie: Interaction orale – Discussion (6–7 min.)

B – LE SPORT OU LA CULTURE?

Tu es tuteur/tutrice dans un collège où il y a des problèmes de mobbing. Avec les autres tuteurs/tutrices et les profs, vous avez décidé d'organiser des activités l'après-midi.
Tu veux organiser des activités culturelles. Un/e autre tuteur/tutrice préfère organiser des activités sportives. Vous discutez.

faire du théâtre: jouer des rôles, présenter quelque chose – faire de la musique: jouer d'un instrument – faire partie d'un groupe – créer qc – organiser un spectacle – écrire un journal scolaire – créer un club-ciné: montrer des films, en parler – …

Faites un résumé de votre discussion: Y a-t-il quelqu'un qui a changé d'avis? Y a-t-il quelqu'un qui a convaincu l'autre?

Deuxième partie: Monologue suivi (2–3 min.)

CANDIDAT A

Décris l'image et imagine une histoire.

le piercing: *das Piercing*

✂ -

À plus!4	Niveau A2+	nach Dossier 4	PARTNERPRÜFUNG D

Deuxième partie: Monologue suivi (2–3 min.)

CANDIDAT B

Décris l'image et imagine une histoire.

Première partie: Interaction orale – Discussion (7 min.)

A – RÉUSSIR SANS DIPLÔME?

Tu as décidé d'arrêter l'école. Tu es sûr/e de pouvoir réussir dans la vie professionnelle sans diplôme. D'ailleurs, tu connais des exemples …

Ton copain / Ta copine n'est pas d'accord. Discutez.

✂- -

À plus! 5	Niveau B1	nach Dossier 2	PARTNERPRÜFUNG A

Première partie: Interaction orale – Discussion (7 min.)

B – RÉUSSIR SANS DIPLÔME?

Ton copain / Ta copine veut arrêter l'école. Tu es absolument contre parce que tu penses qu'aujourd'hui, il est nécessaire d'avoir un diplôme pour réussir dans la vie professionnelle.

Tu essaies de convaincre ton copain / ta copine. Discutez.

Deuxième partie: Monologue suivi (3–4 min.)

CANDIDAT A

«Mon voyage de rêve»

Expose tes idées.

À plus! 5	Niveau B1	nach Dossier 2	PARTNERPRÜFUNG A

Deuxième partie: Monologue suivi (3–4 min.)

CANDIDAT B

«Vivre en 2025»

Expose tes idées.

À plus! 5	Niveau B1	nach Dossier 2	PARTNERPRÜFUNG B

Première partie: Interaction orale – Discussion (7 min.)

A – UN MÉTIER IDÉAL?

Tu veux devenir un sportif / une sportive professionnel/le[1]. Tu penses que c'est un métier idéal. Pour pouvoir t'entraîner plus souvent, tu veux même arrêter l'école.

Ton copain / Ta copine n'est pas de ton avis. Discutez.

1 le sportif / la sportive professionnel/le: *der/die Profisportler/in*

✂- -

À plus! 5	Niveau B1	nach Dossier 2	PARTNERPRÜFUNG B

Première partie: Interaction orale – Discussion (7 min.)

B – UN MÉTIER IDÉAL?

Ton copain / Ta copine veut arrêter l'école pour devenir un sportif / une sportive professionnel/le[1]. Tu es contre: tu ne penses pas que ce soit un métier idéal (on risque beaucoup, avenir incertain[2]). À ton avis, il faut choisir un «vrai» métier.

Tu essaies de convaincre ton copain / ta copine. Discutez.

1 le sportif / la sportive professionnel/le: *der/die Profisportler/in* – 2 incertain/e: *ungewiss*

À plus! 5	Niveau B1	nach Dossier 2	PARTNERPRÜFUNG B

Deuxième partie: Monologue suivi (3–4 min.)

CANDIDAT A

«La famille idéale»

Expose tes idées.

À plus! 5	Niveau B1	nach Dossier 2	PARTNERPRÜFUNG B

Deuxième partie: Monologue suivi (3–4 min.)

CANDIDAT B

«La Guadeloupe – une destination[1] intéressante»

Expose tes idées.

1 la destination *hier: das Reiseziel*

À plus! 5	Niveau B1	nach Dossier 2	PARTNERPRÜFUNG C

Première partie: Interaction orale – Discussion (7 min.)

A – PRÉPARER UNE EXPOSITION

Dans votre lycée, les élèves organisent une exposition sur les DOM-COM. Toi et ton copain ta copine, vous voulez présenter la Guadeloupe.
Tu trouves qu'il faut présenter la Guadeloupe comme un pays moderne qui fait partie de l'Europe.

le statut – l'Euro – la langue française – le tourisme – les personnes devenues célèbres en France – …

- Ton copain / Ta copine n'est pas d'accord. Discutez.
- Trouvez un compromis et faites des propositions[1] concrètes.

1 faire une proposition: *einen Vorschlag machen*

✂- -

À plus! 5	Niveau B1	nach Dossier 2	PARTNERPRÜFUNG C

Première partie: Interaction orale – Discussion (7 min.)

B – PRÉPARER UNE EXPOSITION

Dans votre lycée, les élèves organisent une exposition sur les DOM-COM. Toi et ton copain ta copine, vous voulez présenter la Guadeloupe.
Tu trouves qu'il faut surtout se concentrer sur l'histoire de la Guadeloupe.

colonie de la France – les Africains – l'esclavage – la mixité – le créole – …

- Ton copain / Ta copine n'est pas d'accord. Discutez.
- Trouvez un compromis et faites des propositions[1] concrètes.

1 faire une proposition: *einen Vorschlag machen*

Deuxième partie: Monologue suivi (3–4 min.)

CANDIDAT A

«Mon métier de rêve»

Expose tes idées.

✂- -

À plus! 5	Niveau B1	nach Dossier 2	PARTNERPRÜFUNG C

Deuxième partie: Monologue suivi (3–4 min.)

CANDIDAT B

«L'école de mes rêves»

Expose tes idées.

Première partie: Interaction orale – Discussion (7 min.)

A – PASSER UNE ANNÉE DANS UN PAYS D'OUTRE-MER?

Après le bac et avant de commencer tes études, tu veux passer une année dans un des DOM-COM. Là-bas, tu aimerais travailler pour une organisation sociale sans gagner d'argent. Tu penses que cette expérience pourra t'aider dans ta vie future[1].

Ton copain / Ta copine est contre. Discutez.

1 futur/e: *zukünftig*

✂- -

À plus! 5	Niveau B1	nach Dossier 2	PARTNERPRÜFUNG D

Première partie: Interaction orale – Discussion (7 min.)

B – PASSER UNE ANNÉE DANS UN PAYS D'OUTRE-MER?

Après le bac et avant de commencer ses études, ton copain / ta copine veut passer une année dans un des DOM-COM. Là-bas, il/elle aimerait travailler pour une organisation sociale sans gagner d'argent. Tu penses que c'est une perte de temps[1] et qu'il vaut mieux[2] faire un stage payé en Europe.

Tu essaies de convaincre ton copain / ta copine. Discutez.

1 la perte de temps: *der Zeitverlust / die verlorene Zeit* – 2 il vaut mieux: *es ist besser*

Deuxième partie: Monologue suivi (3–4 min.)

CANDIDAT A

«Être jeune en 2030»

Expose tes idées.

À plus ! 5	Niveau B1	nach Dossier 2	PARTNERPRÜFUNG D

Deuxième partie: Monologue suivi (3–4 min.)

CANDIDAT B

«Ma vie dans dix ans»

Expose tes idées.

À plus! 5	Niveau B1	nach Dossier 4	PARTNERPRÜFUNG A

Première partie: Interaction orale – Discussion (7 min.)

A – LA POLITIQUE

Tu es un/e jeune Français/e. Pour toi, le plus important dans la vie, c'est de s'amuser. La politique ne t'intéresse pas vraiment. Tu ne comprends pas comment on peut essayer de convaincre les hommes politiques d'agir, comme le fait par exemple Nicolas Hulot. À ton avis, cela ne sert à rien. Mais ton copain / ta copine ne pense pas comme toi.

Discutez et essayez de trouver un compromis.

À plus! 5	Niveau B1	nach Dossier 4	PARTNERPRÜFUNG A

Première partie: Interaction orale – Discussion (7 min.)

B – LA POLITIQUE

Tu es un/e jeune Français/e. Pour toi, le plus important dans la vie, c'est de s'engager dans la vie politique. Ton modèle, c'est Nicolas Hulot. Comme lui, tu veux convaincre les hommes politiques de faire tout pour sauver la planète. Tu ne comprends pas les jeunes qui ne pensent qu'à s'amuser. Mais ton copain / ta copine ne pense pas comme toi.

Discutez et essayez de trouver un compromis.

Deuxième partie: Monologue suivi (3–4 min.)

CANDIDAT A

Quel est le sujet du texte ci-dessous?
Donne ton point de vue.

Les jeunes sont-ils fascinés par la violence?
Plus d'un quart des Français jouent aux jeux vidéo. La plupart ont entre 15 et 24 ans. Ils jouent en moyenne six heures par semaine! Mais il faut savoir que les 15–19 ans préfèrent les jeux de sport à ceux de guerre.

D'après: Phosphore, octobre 2006

✂- -

À plus! 5	Niveau B1	nach Dossier 4	PARTNERPRÜFUNG A

Deuxième partie: Monologue suivi (3–4 min.)

CANDIDAT B

Quel est le sujet du texte ci-dessous?
Donne ton point de vue.

La pub dans nos vies
Neuf Français sur dix jugent que la publicité exerce une grande influence sur la façon de vivre des gens. Trois consommateurs sur quatre estiment que la publicité incite vraiment à l'achat de tel ou tel produit.

D'après: Phosphore, janvier 2006

Première partie: Interaction orale – Discussion (7 min.)

A – L'EUROPE

Tu es un/e jeune Français/e. Tu penses que l'Europe ne sert à rien et qu'elle n'a rien à voir avec[1] toi et ta vie. Tu trouves qu'elle coûte beaucoup d'argent. Mais ton copain / ta copine n'est pas d'accord.

Discutez et essayez de trouver un compromis.

1 qc n'a rien à voir avec qc: *etw. hat nichts zu tun mit etw.*

✂– –

À plus ! 5	Niveau B1	nach Dossier 4	PARTNERPRÜFUNG B

Première partie: Interaction orale – Discussion (7 min.)

B – L'EUROPE

Tu es un/e jeune Français/e. Pour toi, l'Europe est comme un rêve qui est devenu réalité: tous ces pays qui vivent en paix, la liberté de pouvoir voyager et travailler où on veut … Tu te sens presque plus européen/ne que français/e. Mais ton copain / ta copine n'est pas d'accord.

Discutez et essayez de trouver un compromis.

Deuxième partie: Monologue suivi (3–4 min.)

CANDIDAT A

Présente et commente la statistique.

L'Europe stérile
Évolution du taux des naissances
dans les pays de l'Union européenne

	1994	2007		1994	2007
Allemagne	1,2	1,3	Italie	1,2	1,4
Autriche	1,5	1,4	Lettonie	1,4	1,4
Belgique	1,6	1,7	Lituanie	1,6	1,3
Danemark	1,8	1,9	Pays-Bas	1,6	1,7
Espagne	1,2	1,4	Pologne	1,8	1,3
Estonie	1,4	1,6	Portugal	1,4	1,4
Finlande	1,8	1,8	République tchèque	1,4	1,3
France	1,7	2,0	Royaume-Uni	1,7	1,8
Grèce	1,3	1,3	Slovaquie	1,7	1,3
Hongrie	1,6	1,3	Slovénie	1,3	1,3
Irlande	1,8	1,9	Suède	1,9	1,9
			Europe des 25	**1,5**	**1,5**

Insee, 2007

À plus ! 5	Niveau B1	nach Dossier 4	PARTNERPRÜFUNG B

Deuxième partie: Monologue suivi (3–4 min.)

CANDIDAT B

Présente et commente la statistique.

Quels sont vos genres de livres préférés?

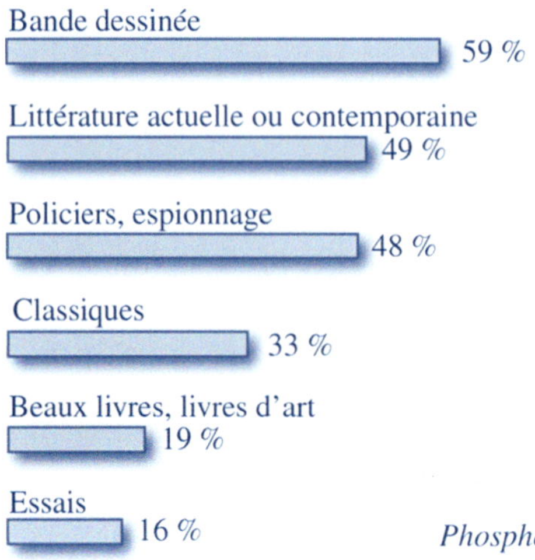

Phosphore, juillet 2004

Première partie: Interaction orale – Discussion (7 min.)

A – CONSOMMER JUSTE?

Tu es un/e jeune Français/e. À ton avis, il ne faudrait acheter que des produits du commerce équitable. Tu penses qu'on peut aider les gens des pays pauvres en «consommant juste». Mais ton copain / ta copine ne pense pas comme toi.

Discutez et essayez de trouver un compromis.

✂- -

À plus! 5	Niveau B1	nach Dossier 4	PARTNERPRÜFUNG C

Première partie: Interaction orale – Discussion (7 min.)

B – CONSOMMER JUSTE?

Tu es un/e jeune Français/e. Tu achètes toujours les produits les moins chers parce que tu as peu d'argent. À ton avis, les problèmes des gens dans les pays pauvres ne sont pas tes problèmes. Tu penses qu'on ne peut pas les aider en achetant des produits du commerce équitable. Mais ton copain / ta copine ne pense pas comme toi.

Discutez et essayez de trouver un compromis.

Deuxième partie: Monologue suivi (3–4 min.)

CANDIDAT A

Quel est le sujet du texte ci-dessous?
Donne ton point de vue.

Climat: comment éviter le pire?
Ça chauffe pour la planète ... Une des solutions pour réduire les gaz à effet de serre[1] serait d'éviter de prendre la voiture et de favoriser les déplacements à pied, à vélo et en transports en commun.

D'après: Phosphore, décembre 2007

1 les gaz à effet de serre: *die Treibhausgase*

✂- -

À plus! 5	Niveau B1	nach Dossier 4	PARTNERPRÜFUNG C

Deuxième partie: Monologue suivi (3–4 min.)

CANDIDAT B

Quel est le sujet du texte ci-dessous?
Donne ton point de vue.

Les jeunes ne s'entendent pas avec leurs parents – est-ce vrai?
73% des 15–19 ans se sentent compris par leurs parents. Et 93% disent bien s'entendre avec eux! Dans leur majorité, les jeunes considèrent que leurs parents leur laissent suffisamment de liberté et qu'ils ont «juste ce qu'il faut d'autorité».

D'après: Phosphore, octobre 2006

À plus! 5	Niveau B1	nach Dossier 4	PARTNERPRÜFUNG D

Première partie: Interaction orale – Discussion (7 min.)

A – L'ÉCOLOGIE

Tu es un/e jeune Français/e. Tu te fais beaucoup de soucis au sujet du changement climatique. Tu penses qu'il faut agir immédiatement et que chacun peut faire énormément de choses pour sauver la planète. Mais ton copain / ta copine n'est pas de ton avis.

Discutez et essayez de trouver un compromis.

✂- -

À plus! 5	Niveau B1	nach Dossier 4	PARTNERPRÜFUNG D

Première partie: Interaction orale – Discussion (7 min.)

B – L'ÉCOLOGIE

Tu es un/e jeune Français/e. Tu trouves que tout ce qu'on entend et ce qu'on lit au sujet du changement climatique est complètement exagéré. Tu adores faire beaucoup de choses qui ne sont pas «écologique», et tu n'as pas envie de changer de comportement. Tu veux t'amuser et mener une vie agréable. Mais ton copain / ta copine n'est pas de ton avis.

Discutez et essayez de trouver un compromis.

Deuxième partie: Monologue suivi (3–4 min.)

CANDIDAT A

Quel est le sujet du texte ci-dessous?
Donne ton point de vue.

Les jeunes ne sont pas économes – est-ce vrai?
Quand ils reçoivent de l'argent, 65% des jeunes choisissent de faire des économies. Plus étonnant: pour 63% des 20–25 ans, la retraite est une préoccupation importante. Près de 75% d'entre eux pensent qu'il faut épargner dès maintenant pour s'assurer une retraite correcte.

D'après: Phosphore, octobre 2006

✂- -

À plus! 5	Niveau B1	nach Dossier 4	PARTNERPRÜFUNG D

Deuxième partie: Monologue suivi (3–4 min.)

CANDIDAT B

Quel est le sujet du texte ci-dessous?
Donne ton point de vue.

Vive le commerce équitable!
Consommer plus juste, ça vous dit? Nous vous proposons d'en savoir plus sur une forme de commerce qui garantit un revenu[1] décent aux petits producteurs des pays les plus pauvres. À l'origine, on ne trouvait ces produits que dans les magasins bios. Aujourd'hui, ils sont (presque) partout!

D'après: Le Monde des Ados, mai 2007

Redemittel zur Dialoggestaltung (Niveaustufe A1)

sich begrüßen	
Bonjour, … / Salut, …	Guten Tag, … / Hallo, …
Je m'appelle …	Ich heiße … / Ich bin …

sich vergewissern, ob etwas richtig ist	
C'est ça?	Ist das so?
C'est juste?	Ist das richtig/wahr?
N'est-ce pas?	Nicht wahr?

zustimmen	
Ça, c'est logique!	Das ist logisch/klar!
Oui, c'est vrai!	Ja, das ist wahr!
Alors là, je suis d'accord.	Also damit bin ich einverstanden.
C'est génial!	Das ist genial/klug!
C'est super!	Das ist super!

überleiten	
On peut aussi dire que …	Man kann auch sagen, dass …
Donc/Alors …	Also/Dann/Folglich …

den Partner / die Partnerin einbeziehen	
Qu'est-ce que tu en penses?	Was denkst du (darüber)?
Et toi? Tu es d'accord?	Und du? Bist du (damit) einverstanden?

widersprechen	
Mais non!	Aber nein!
Non, je ne suis pas d'accord (avec toi).	Ich bin nicht einverstanden (mit deiner Meinung).
Ça ne marche pas comme ça.	So geht/funktioniert das nicht.
Ça dépend.	Das hängt davon ab.
Je ne pense pas …	Ich glaube nicht …
Laisse tomber!	Vergiss es!

sich verabschieden	
Au revoir.	Auf Wiedersehen.
Salut.	Tschüss.
À demain.	Bis morgen.
À plus.	Bis später.
À bientôt.	Bis bald.

etwas nicht verstehen	
Je ne sais pas.	Ich weiß nicht.
Pardon?	Entschuldigung?

Redemittel zur Dialoggestaltung (Niveaustufe A1+)

Stellung nehmen	
Je trouve que … /	Ich finde, dass … /
Je pense que …	Ich denke, dass …
Je suis pour/contre.	Ich bin dafür/dagegen.
Je (ne) suis (pas) d'accord.	Ich bin (nicht) einverstanden.
Tu as raison.	Du hast Recht.
Je suis sûr/e que …	Ich bin sicher, dass …
À mon avis, …	Meiner Meinung nach …
Ça m'est égal.	Das ist mir egal.
La plupart dirait que …	Die meisten würden sagen, dass …
C'est justement cela qui fait la différence.	Genau das macht den Unterschied aus.
Ça fait bizarre.	Das klingt falsch/seltsam.

Vorbehalte formulieren	
quand même / tout de même / pour autant	dennoch/trotzdem
moi/toi/nous/vous par contre	ich/du/wir/ihr/Sie dagegen
Alors là, tu vas / vous allez trop loin.	Da gehst du / geht Ihr / gehen Sie zu weit.
Est-ce que tu peux au moins donner un exemple pour ça?	Kannst du wenigstens ein Beispiel dafür geben?
Il ne faut pas exagérer!	Übertreib mal nicht!
Tu dis n'importe quoi!	Du redest Quatsch!
Plus tu parles, moins tu en dis.	Je mehr du redest, desto weniger sagst du.

jemanden trösten	
Ce n'est pas grave.	Das ist nicht schlimm.
Ne sois pas triste.	Sei nicht traurig.

verknüpfen	
à propos / au fait / d'ailleurs	übrigens
de toute façon / en tout cas	auf jeden Fall
à part ça	abgesehen davon
Ça tombe bien que tu en parles.	Das trifft sich gut, dass du davon redest.

Hinweis: Die Redemittel zur Dialoggestaltung sind hier verkleinert abgebildet. Die Kopiervorlagen (Niveaustufen A1, A1+, A2, A2+ und B1/B1+) befinden sich auf der CD-ROM (Zusatzmaterial 5).

Redemittel zur Dialoggestaltung (Niveaustufe A2)

seine Meinung sagen

Je suis pour/contre.	Ich bin dafür/dagegen.
Je pense que oui/non.	Ich denke schon/nicht.
À mon avis, …	Meiner Meinung nach …

zustimmen

Tu as / Vous avez raison.	Du hast / Ihr habt / Sie haben recht.
Pour moi, c'est pareil.	Für mich ist das auch so.
Je suis ravi/e.	Ich bin begeistert.
Moi aussi. / Moi non plus.	Ich auch. / Ich auch nicht.
Je comprends ce que tu veux dire.	Ich verstehe, was du meinst.
Ça, c'est normal.	Das ist (ganz) normal.

zum nächsten Punkt übergehen

enfin	jedenfalls
On peut dire …	Man kann sagen …
(tout) d'abord	zunächst
C'est la première fois que …	Das ist das erste Mal, dass …
au fait / à propos / d'ailleurs	übrigens
à part cela	abgesehen davon
Je voudrais ajouter que …	Ich möchte noch hinzufügen, dass …

verknüpfen

C'est justement pour ça …	Genau deshalb …
Malheureusement/ Heureusement …	Leider/Glücklicherweise …

umgangssprachliche Wendungen

Parler de la pluie et du beau temps.	Über Gott und die Welt reden.
Ça fait deux.	Das passt nicht zusammen.
Ce serait (trop) beau.	Das ist zu schön, um wahr zu sein.
Oublie!	Das kannst du vergessen.
On est tous logés à la même enseigne.	Wir sitzen alle im gleichen Boot.
Ça tombe bien.	Das trifft sich gut. / Das passt ja.
Ça me concerne aussi.	Das betrifft mich auch.
Ça fait d'une pierre deux coups.	Das heißt, zwei Fliegen mit einer Klappe schlagen.
C'est galère.	Das ist übel/ätzend.

widersprechen

Je respecte ton opinion, mais …	Ich respektiere deine Meinung, aber …
Ça m'est égal.	Das ist mir egal.
J'espère que tu me comprendras.	Ich hoffe, du verstehst mich.
Je suis désolé/e.	Es tut mir leid.
Ça ne va pas ensemble.	Das passt nicht zusammen.
Ça me laisse sans voix.	Das verschlägt mir die Sprache.
Je te propose d'y réfléchir.	Ich schlage dir vor, darüber nachzudenken.
Pour quoi faire?	Wozu?
Il me faut malheureusement revenir là-dessus.	Ich muss leider noch einmal darauf zurückkommen.
Je refuse cet argument.	Das Argument lehne ich ab.

Vorbehalte formulieren

Je me demande vraiment si …	Ich frage mich wirklich, ob …
C'est sûr, mais …	Klar doch, aber …

erklären

Ça veut dire …	Das heißt …
Écoute, je vais t'expliquer le problème.	Ich werde dir das Problem erklären.
Comme tu sais / vous savez …	Wie du weißt / ihr wisst …
Je commence par …	Ich beginne mit …

zwei Positionen gegeneinander abwägen / miteinander vergleichen

C'est juste, mais …	Schon richtig, nur ...
Tu veux savoir si …	Du willst wissen, ob …
Ça passe avant.	Das hat Vorrang.
J'accepte ton opinion, mais …	Ich akzeptiere deine Meinung, aber …
Ça va bien/mieux avec …	Das passt gut/besser zusammen mit …
Je vois ça plutôt comme ça …	Ich sehe das eher so …

Hinweis: Die Redemittel zur Dialoggestaltung sind hier verkleinert abgebildet. Die Kopiervorlagen (Niveaustufen A1, A1+, A2, A2+ und B1/B1+) befinden sich auf der CD-ROM (Zusatzmaterial 5).